Hermann Kant

THERAPIE

Erzählungen und Essays

Herausgegeben
und mit einem Nachwort
von Irmtraud Gutschke

aufbau

MIX
Papier aus verantwortungsvollen Quellen
FSC® C083411

ISBN 978-3-351-03867-0

Aufbau ist eine Marke der Aufbau Verlag GmbH & Co. KG

1. Auflage 2021

Einbandgestaltung zero-media.net, München
Satz LVD GmbH, Berlin
Druck und Binden CPI books GmbH, Leck, Germany
Printed in Germany

www.aufbau-verlag.de

Inhalt

Anhang

Ich habe gelesen

Einem Schriftsteller, und einem Funktionär des Schriftstellerverbandes schon gar, werden öfter, als ihm lieb sein kann, Bücher mit der Bemerkung zugestellt oder zugesteckt, die hätten Drucklegung und Verbreitung auch in seiner Heimat verdient und ersucht werde er, sich entsprechend einzusetzen.

Da es bei mir zu Hause an Leuten und Einrichtungen nicht mangelt, die gedacht sind, den Literaturverkehr in Gang zu halten, nehme ich derlei Eingesandtes nicht ohne die Frage entgegen, warum man statt eines Verlages oder Verlegers mich zum Adressaten machte, und ich vermute, die Angelegenheit, sprich das Buch, habe einen Haken.

Also ist gesorgt, dass ich die Drucksache wirklich lese, und manchmal konnte ich sorgen, dass auch andere sie zu lesen bekamen. Lieber ist es mir dennoch, selber zu bestimmen, worauf ich meine Lesezeit wende. Ich bin in dieser Hinsicht eher vergnügungssüchtig als bildungsbeflissen, und da ich mich nicht gerade asozial aufführe, erlaube ich mir beim Umgang mit Literatur eine Menge Egoismus.

Egozentrismus kommt auch vor, hier gleich ein Beispiel: Letzte Woche hat mir einer Jochen von Langs Bormann-Buch »Der Sekretär« über den Tisch geschoben und dazu gesagt, dieses Werk müsse, siehe oben. Schon des Untertitels wegen, »Der Mann, der Hitler beherrschte«, riss es mich nicht in die Lektüre, und überdies wusste ich, wie wenig sich unsere Historiker und die dazugehörigen Verleger für derart personalisierte Zeitgeschichte begeistern können. Sie sind auf Gesetzmäßigkeiten aus und weniger auf deren Sekretäre, und auf Darstellungen des Faschismus, wie er in Schwerin, Parchim, Halberstadt oder Bernau, in der heutigen DDR also, vorgekommen ist, sind sie, scheint es, auch nicht so scharf. Womöglich ist diese Haltung gedacht, die Wissenschaftlichkeit von Geschichtsbetrachtung zu stärken – ob sie aber geeignet ist, Geschichtsbewusstsein zu vertiefen, weiß ich wirklich nicht. Und schon gar nicht weiß ich, ob man auf diesem Felde zwischen Wissenschaft und Bewusstsein so sehr unterscheiden darf.

Aber das Buch von Jochen von Lang las ich, und zwar aus quasi privaten Gründen, denn in Parchim, wo Bormann an einem Mord beteiligt war, habe ich ein paar Jahre gelebt. Bei Lektüre des »Sekretärs« erfuhr ich, wie sehr Martin Bormann mein Nachbar gewesen ist. Und nicht nur der, auch ein gewisser Höß, nachmals Kommandant von Auschwitz, hat sich in Parchim, meinem Parchim, herumgetrieben. Dank der Nachforschungen von Langs weiß ich, es haben sich Hößens und meine Spur, wenngleich bei einiger

Zeitverschiebung, gekreuzt. Er ist Freikorpsmann, Fememörder und Landarbeiter auf dem Rittergut Neuhof bei Parchim gewesen, und als er zwanzig Jahre später in Auschwitz Massenmord betrieb, habe ich sehr oft auf dem Rittergut Neuhof bei Parchim gearbeitet. Genau gesagt, verbrachte ich den allerersten Tag meiner Elektrikerlehre beim Chausseehaus von Neuhof, und 33 Jahre später, auf dem Weg zum Poetenseminar im nahegelegenen Schwerin, musterte ich meinen Tatort und nervte anschließend die kommenden Dichtersleute mit dem Spruch, die von mir gefertigte Anlage sei noch in Betrieb, und den von ihnen gefertigten Versen wünschte ich ähnlich langen Gebrauchswert. – Was ich den versammelten Lyrikern bis heute verarge, ist, dass sie nicht fragten, wie hoch wohl der Anteil eines Ersttagslehrlings an einem Werkstück zu veranschlagen gewesen sei. Und mir verarge ich, dass ich erst 1988 aus einem bei Herbig in München erschienenen Buch erfuhr, in wessen Nähe ich mich aufhielt, als ich bei Parchim auf Elektromonteur studierte.

Von Bormann immerhin wusste ich schon, dass es ihn in meinem Parchim gegeben hatte, denn einmal habe ich Tür an Tür zu einer Wohnung gearbeitet, von der man raunte, es sei dort die Geliebte des Reichsleiters Bormann zu Hause, und den hohen Herrn habe man hier des Öfteren gesichtet. Nun war ich damals in einem Alter, in dem man sich für Geliebte jeder Art heftig interessiert und auf höchste Herren ganz anders sieht, als diese wohl wünschen. Dennoch habe ich mir den Platz nur deshalb gemerkt, weil meine Arbeitsstelle nebenan von grässlichster und schönster Eigenart gewesen ist. Der Wohnungsinhaber dort war bei einem Schnapsabfüller als Buchhalter beschäftigt, auf einer Ebene also, die mir hochgelegen vorkam. Umso mehr verwunderten mich die häuslichen Verhältnisse des Mannes: Seine Frau und ein kleines Kind lagen die ganze Zeit, während der ich in der Wohnung beschäftigt war, bis an die Nasenspitzen zugedeckt im Bett und beobachteten mich mehr als verängstigt, und alle Wäsche im Schlafzimmer hätte längst wieder einmal geteert gehört. Tatsächlich bin ich weder vorher noch nachher an einem ähnlich verschmutzten Ort gewesen, was etwas heißen will, da ich durch eine vergleichsweise ruppige Gefangenschaft musste.

Um aber im Schlafzimmer des Buchhalters zu bleiben: Auf dem Kleiderschrank, den ich wegen meiner Strippenzieherei abrücken musste, lagerte flockiger Dreckmull, aus dessen geologischen Schichten sich lesen ließ, wann zum letzten Mal Möbel und frische Luft ins Haus gekommen waren. Der Ekel machte mir Gänsehaut und würde mir bald Pickel wachsen lassen, und um hin und wieder halbwegs atembare Luft zu holen, floh ich in Abständen ins Nebenzimmer, das auch verstaubt war, aber wenigstens nicht bewohnt. Vor allem gab es einen Bücherschrank dort, der seit Jahrzehnten auf einen Benutzer gewartet hatte. Ich holte Trittleiter und Werkzeug, wählte, wenn schon, denn schon, einen Goldschnitt-»Faust«, nahm auf der Leiter Platz und las.

Klar, dass dies niemand glauben kann, nur ist es genau so gewesen. So ausgeklügelt widersinnig, so aufdringlich symbolisch, so literarisch und so doof. – Als ob es nicht reichte, den »Faust« bei ungewöhnlicher Gelegenheit entdeckt zu haben, muss es auf der Trittleiter sein in der katastrophal verdreckten Wohnung eines Schnapsbuchhalters, dessen Frau wahrscheinlich nicht bei Sinnen ist, und nebenan hat Martin Bormanns Geliebte gewohnt, nein danke.

Wahrscheinlich komme ich mit der Geschichte gerade noch durch, wenn ich sie in der Abteilung »Ich habe gelesen« darbiete und mit der Beteuerung versehe, ich wisse, wie ertüftelt sie klingt. In einem Roman dürfte ich sie so, wie sie sich abgespielt hat, nicht stattfinden lassen, denn der will Glaubwürdigkeit, und das unbearbeitete Leben ist manchmal nicht recht zu glauben. Tatsächlich, das Leben, so wie es ist, taugt selten für Literatur, es muss erst bearbeitet werden. Wenn es ein Spruch sein darf: Literatur ist Leben auf hoher Verarbeitungsstufe.

Aber die Sache mit Herrn von Langs Buch, den Nachbarn Höß und Bormann und dem »Faust« auf der Trittleiter ist noch nicht zu Ende erzählt. Ich bin nämlich, da ich hin und wieder doch meinem Elektrikerauftrag nachzugehen hatte, bei Feierabend mit dem Buch nicht fertig gewesen und habe es mir ausgeliehen, und eine Woche später musste man mich ins Krankenhaus schaffen, wo ich vier Monate verblieb. Bei einer Visite habe ich mir den rätselhaft sarkastischen Spruch des Chefarztes zugezogen: »Faust – auch eine Krankenhauslektüre!« Bis heute frage ich mich, was dieser Mensch damit hat sagen wollen – aber vermutlich wollte er sich nur bei den Schwestern als ein Kenner des Belletristischen herausstellen, und als Arzt war er ein Könner. Er hat mich so kuriert, dass ich Soldat werden durfte und im Gefängnis Warschau dann die Chance bekam, meinem Mitinsassen Höß zu begegnen. Es ist mir dergleichen jedoch nicht erinnerlich, obwohl ich ihm in diesen Lehrtagen entschieden näher war als an meinem ersten Lehrtag in Neuhof bei Parchim.

Einen gemeinsamen Bekannten allerdings traf ich in besagtem Krankenhaus, wo ich den »Faust« ausstudierte. An meinem Spitalsbett erschien Theo von Haartz, dessen Namen in Parchim niemand aussprach, ohne »Öle und Fette« hinzuzusetzen. Ich hatte Theo von Haartz, Öle und Fette, nie zuvor gesehen und staunte nicht wenig über seinen Besuch, und über seine Ansprache staunte ich noch mehr. »Herr Kant«, lautete die, »ich werde seit Monaten von einem gruseligen Kurzschluss verfolgt. Er taucht auf und verschwindet wieder. Immer wenn ich Elektriker im Hause habe, verschwindet er. Ich habe fast alle Elektriker von Mecklenburg verbraucht, Sie sind meine letzte Hoffnung. Noch sind Sie krank, aber eines Tages werden Sie gesund sein, und dann kommen Sie bitte und befreien mich von diesem gruseligen Kurzschluss!« – Auf die geläufige Art von Leuten, die wissen, an welche Stellen Öle und Fette gehören, setzte er in gemütvollem Plattdeutsch hinzu: »Herr Kant, Sei doen mi een Gefallen, ik do Sei een Gefallen!«

Worin die Gefälligkeit, mit der er mir meine Gefälligkeit vergüten wollte oder vergütet hat, bestand, weiß ich nicht mehr. Ich weiß nur noch von meinem Staunen über einen stadtbekannten Handelsmann und Fabrikbesitzer, der einen Elektrikerlehrling im Krankenhaus aufsuchte, mit »Herr Kant« anredete und in eine Verabredung zog, die von gegenseitigem Vorteil schien und geschlossen zwischen Gleich und Gleich. Ich weiß auch noch, natürlich, dass ich den gruseligen Kurzschluss beseitigt habe, eine schleichende Störung, die nur auftrat, wenn schwere Fuhrwerke durch den Torweg der Firma Theo von Haartz, Öle und Fette, donnerten, und ich weiß, wie ich dazu komme, dieses Döntje in einen Bericht zu rücken, der »Ich habe gelesen« überschrieben ist und allenfalls von Jochen von Langs Bormann-Buch, meinen Begegnungen mit Höß und dem »Faust«, meinen Vorstellungen von Geschichtsschreibung und Zeitgeschichte und von der Art handeln sollte, in der ich so manches Mal an Lektüre gerate. In dem zeitgeschichtlichen Werk »Der Sekretär, Martin Bormann: Der Mann, der Hitler beherrschte« nämlich kommt auch Theo von Haartz, Öle und Fette, vor, und zwar als Führer der Völkischen Partei in Parchim, der an jenem Abend, an dem Höß und Konsorten den von Bormann befohlenen Fememord an einem gewissen Kadow vorbereiteten, die Schlagetote vom Freikorps Roßbach mit völkischen Reden und Freibier traktierte. – Wer weiß, vielleicht hat er ihnen gesagt: »Ick do juch een Gefallen, ji doot mi een Gefallen!«

Es ist nicht wichtig; wichtig ist nur, dass eine zufällige und ganz und gar nicht von mir herbeigeführte Begegnung mit einem Buch mir wieder einmal die Verquickungen gezeigt hat, in die gerät, wer zu bestimmten Zeiten an bestimmten Orten zu tun hat. Seltener wahrscheinlich kommt es dabei zu einem Gemengsel aus Bormann, Höß, Theo von Haartz, Öle und Fette, dem Faust und einer verrückten Buchhaltersgattin sowie einem Elektrikerlehrling, der dann Schriftsteller wurde, aber zu einem Gemengsel aus verschiedenerlei Leben und zu Berührungen mit Mördern und Opfern, mit stinkendem Schmutz und glänzendem Wort kommt es immerzu und an allen Plätzen.

Ich mag Bücher, die einen auf solche Gedanken bringen. Ich habe gerade eines von ihrer Art gelesen.

Die Zeit und ihre Zeugen

Eine Skizze in Martin Gilberts Geschichtswerk »Second World War« zeigt auf engem Raum mit Koło, Chełmno, Dąbie und Łódź jene polnischen Orte, die im chronologischen Register der Vernichtungsstätten vorderste Plätze einnehmen. Nur einen Fußmarsch von Koło nach Osten, in der ungefähren Mitte zwischen Poznań und Warszawa, also auf der Straße von Berlin nach Moskau, liegt das Städtchen Kłodawa.

Mich hat es viele Fußmärsche gekostet, von Kłodawa nach Koło zu gelangen. Vom 12. bis zum 20. Januar 1945 bin ich, zuerst vor den Sowjettruppen her und bald in ihrem Rücken, nach Westen gerannt oder gekrochen. Vor allem im Kreis, wie es in schlimmen Geschichten steht. Wäre mir bekannt gewesen, was dort geschehen war, wo meine Flucht enden sollte, hätte ich wohl schon in Kłodawa die Hände gehoben. Oder an seinem östlichen Stadtrand im dürftigen Graben dürftig bewaffnet auf die Panzer der 1. Belorussischen Front gewartet.

Doch hat man mich erst sieben Tage später bei Chełmno ergriffen und in einem Amtsraum von Koło als Gefangenen eingetragen. Von dort ging es ins gerade wieder polnische Gefängnis von Konin und danach in sowjetischem Gewahrsam auf Nebenstraßen über Chełmno und Dąbie zum Gefängnis von Łódź. Am zweiten Tag mussten wir im Laufschritt, dem es nicht an Anfeuerung durch die Posten fehlte, an einem schlossähnlichen Herrenhaus vorbei. Die Eile erklärte sich Jahrzehnte später. In Claude Lanzmanns unübertrefflicher Tatortbesichtigung und Zeugeneinvernahme »Shoa« kann man das Gutshaus und die Kirche von Chełmno wieder und wieder sehen. Dort wurden die zunächst aus Koło und Konin verschleppten Juden eingesperrt, ehe man sie direkt an den Portalen in Fahrzeuge pferchte und auf dem Weg zu den Massengräbern im Wald von Chełmno mit Auspuffgas umbrachte. Solcherart mörderische Effizienz hat Bertolt Brecht wohl mit seinem bösen »Hut ab, die Herren sind technische Genies« im »Anachronistischen Zug« gemeint.

Ich kannte weder Bertolt Brecht noch das Wort Effizienz und wusste nicht, was ein Vernichtungslager war, als man uns durch Chełmno trieb, nachdem man mich zwischen Koło und Chełmno aufgetrieben hatte. Zu meinem Glück ahnte ich nicht, dass die Straße von Koło nach Chełmno jene war, auf der am 7. Dezember 1941 beim Ersteinsatz der rollenden Gaskammern siebenhundert Juden aus Koło ermordet wurden. Siebenhundert, denen bis 1945 in stationären Mordgehäusen an die dreihunderttausend folgten. Sowie dreitausend damals Zigeuner genannte Roma und tausend Polen und Russen.

Am Morgen der Abgas-Probe fand Japans Überfall auf Pearl Harbor statt. Das nahm ich gebührend zur Kenntnis, auch wenn es mir drei Jahre danach beinahe entfallen war. Von allen Angriffen hielt mich zu dieser Zeit die Offensive der Sowjetarmee besetzt, die mit meiner Ergreifung nicht endete. Lanzmann und Gilbert sorgten dafür, dass mich, wenngleich Jahre danach, genaue Bescheide erreichten. In denen wie auch im Eichmann-Prozess-Protokoll kommt der Häftling Shimon Srebrnik vor, der einem Flüchtigkeitsfehler sein Leben verdankte. Als die Lager-SS ihre jüdischen Sklaven und möglichen Belastungszeugen beim Nahen der Roten Armee beseitigen wollte, traf sie ihn nicht tödlich. Er konnte fliehen und sich bei einem polnischen Bauern verbergen.

Vom 17. Januar, an dem er aus Chełmno entkam, vergingen zehn Tage bis zur Auschwitz-Befreiung. Die fand, wie man seit den Gedenkfeiern wieder weiß, am 27. Januar vor sechzig Jahren statt. In der Mitte zwischen beiden Daten bin ich fliehend um den Ort geschlichen und gefangen an seinem Herrenhaus vorbeigerannt. Hätte Shimon Srebrnik mich in Chełmno, das nun nicht mehr Kulmhof hieß, mit bösen Worten begrüßt, hätte ich ihn nicht verstanden. Oder nur in Hinsicht auf unser beider Unverträglichkeit.

Ein Status, der ähnlich vorlag zwischen den sowjetischen Posten und mir. Hätten sie mir den Überfall auf Polen oder den auf Russland angelastet, wäre ich ihnen mit Unschuld gekommen, nicht aber mit Unverständnis. Über Pearl Harbor wusste ich so Bescheid, wie ich vom September 39 und vom Juni 41 etwas wusste. Vom mobilen Gasmord 41 aber und von Todesfabriken, in denen bis zum Dezember 44 gemeuchelt worden war, hatte ich, als ich im Januar 45 durch den Tatort rannte, keinen blutigen Schimmer.

Was mir Shimon, wäre er in Chełmno unter denen gewesen, die uns Deutsche einmal in anderer Formation sehen wollten, kaum geglaubt hätte. Schließlich hatten ihn welche, die aussahen und sprachen wie ich, anfangs gezwungen, die Knäuel der toten Juden aus den Gaskammern zu reißen, und später benutzt, die Feuerlöcher einzuebnen, um Spuren zu verwischen.

Soweit ich weiß, stand er nicht im Spalier und wussten die Posten nicht, warum es aufgeregt zuging auf der Straße durch Chełmno. Ihr Kommandeur könnte es gewusst haben. Ihm kann befohlen worden sein, uns beeilt durch den Ort zu treiben. Womöglich sagte man ihm nichts von der Mordgrube, womöglich wusste er nicht, was hier seit drei Jahren und bis vor kurzem geschehen war. Vielleicht hießen die Kommandanten den Kommandeur nur, dafür zu sorgen, dass wir Deutschen das Herrenhaus zur Kenntnis nähmen. Auch solle er sehen, dass die Polen erfassten, unter wessen Aufsicht wir jetzt stünden. Überdies habe er für jeden, der unter seinen Augen erschlagen werde, einen Ersatzmann aufzutreiben, damit die Zahlen stimmten.

Wie auch immer, wir sind wie immer, wenn Laufschritt galt, wie ums Leben gelaufen. Wieder einmal wusste ich nicht, warum geschah, was geschah. Dank eines Unwissens, das dem Reiter über den Bodensee böser als mir ausgegangen ist, ahnte ich nicht, dass Chełmno den Winkel eines Dreiecks bildete, dessen andere Winkel Koło und Kłodawa hießen.

Aus Koło und Kłodawa kamen die ersten Juden, die man zuletzt in Chełmno sah. Aus Koło, wo man mich in die Gefangenenliste eintrug; aus Kłodawa, wo ich in großdeutscher Schießkunst unterwiesen wurde. Kłodawa trug noch den großdeutschen Namen Tonningen, als ich dort einrückte. Ich blieb bis zu der Stunde am Platz, in der er seinen polnischen zurückbekam. Wohingegen ich nach Koło erst gelangte, als es schon nicht mehr Warthbrücken hieß.

Herzlich deutsche Namen: Tonningen, Warthbrücken und Kulmhof im Wartheland. Herzlich wie Birkenau. Als Wartheland abbrannte, rannte ich auf dem Lehrpfad durch Kulmhof/ Chełmno. Um gleich darauf in Dąbie zu sein, dessen jüdische Bewohner – dies ist späteres Wissen – in Chełmno umgekommen waren. Im Gefängnishof von Łódź-Radogoszcz schließlich – dieses ist Wissen aus erster Hand – lief ich Spießruten über unvollendete Scheiterhaufen. Was mir vorher mangels unverscharrter Toter entging, kam mir hier unverstellt unter die Augen, ja unter die Füße. Nie wieder bin ich über vereiste Leichenberge geklettert, nie wieder will ich es müssen.

Es war voreilig von mir, im Zusammenhang mit Radogoszcz »schließlich« zu sagen. Mit dessen Gefängnis hörten die Gefängnisse nicht auf. Nach dem Rundlauf durch den vereisten Hof wartete das gerade aufgelassene Ghetto in Łódź auf mich. Dort hatte noch keiner die Toten zu Bergen getürmt. Von Łódź, zeitweilig Litzmannstadt, geriet ich nach Puławy, eine 7000-Seelen-Siedlung, deren 3220 jüdische Bewohner umgebracht worden waren. Auf die Idee, einer von uns könne vorher anstatt zu Wächtern hinauf- auf Gefangene herabgesehen haben, kam ich im ehemals deutschen Lager nicht. Schon eher auf eine Erklärung, warum man bei einem Arbeitsabstecher nach Majdanek so einschlug auf uns. Es war eine Ahnung, die beim späteren Aufenthalt im Hauptstadt-Gefängnis wenig nützte. Schließlich – hier kann ich »schließlich« sagen – landete ich in einer Baracke dort, wo Warschaus Ghetto gewesen war.

Fast alles kommt in meinen Büchern vor. Warum hier noch einmal? Das Fernsehen, der Kanzler und der Bundespräsident sind auf teils löbliche Weise schuld daran. Und die Nazis auf ihre grässliche Weise. Der WDR zeigte erneut Lanzmanns großen Bericht »Shoa«, und ich verstand wieder die Ballade vom Ritt über den Bodensee. Der Kanzler rief beim Gedenken als ersten den schwierigen Namen Chełmno auf. Der Bundespräsident begann eine schwierige Rede mit einem sicher nicht einfachen hebräischen Satz. Die Nazis betrugen sich wie Nazis.

Dem Kanzler bin ich so wenig Freund wie dem Präsidenten. Doch denke ich zu Teilen freundlich von dem, was sie dieser Gedenktage sagten. Weniger erfreut hörte ich von ihnen, gegen die Nazis müsse der Widerstand der ganzen Gesellschaft her. Schon weil es wahr ist, habe ich nichts dagegen. Nur klang es bislang anders von den Zinnen der Parteien. Wer den Antifaschismus als Staatsdoktrin erlebt hatte, war für hiesige Obrigkeit auf dem Verordnungsweg an ihn geraten und taugte für freiheitlich Demokratisches nicht. Es half nicht zu sagen, der Weg, auf dem unsereinem antifaschistisches Denken verordnet wurde, habe gewissermaßen von Kłodawa nach Koło geführt. Oder von Koło über Chełmno in die Reste von Warschau.

Soweit das persönliche Erfahrung meint, setzt es mich in keinerlei Rechte. Nichts war mein Verdienst, nichts verglich sich mit dem, was denen geschah, an deren unkenntlichen Resten ich vorbeigejagt worden bin. Ich dachte nicht daran, ich denke nicht daran, mich zu beklagen. Doch versuchte ich, das, was ich sah, gegen die mörderische, die ganz und gar verderbliche Unwissenheit weiterzusagen.

Seit jenem nicht kurzen Lehrgang beanspruche ich, als Antifaschist zu gelten. Als Linker, der sich nicht von Halblinken und Halbrechten in einen Topf mit Auschwitz-Leugnern werfen lässt. Oder in einen Extremisten-Topf mit Chełmno- und Radogoszcz-Leugnern. Oder mit Antisemiten und Rassisten in den Totalitarismus-Kübel. Oder zu radikal ignoranten Eseln aufs Eis überm Bodensee. Oder zu Anwohnern an diesem, die (ich mag es immer noch nicht glauben) nichts mehr hören wollen. Ich habe gelernt: Wer nichts weiß, muss rennen. Wohl dem, der es dann noch kann.

Über Schriftstellerei

Rede im Warschauer Königsschloss am 19. Mai 1989

Schon des gültigen Bildes vom Literaten wegen wird sich der Redner früher oder später selber einmal loben müssen; da kann es auch gleich sein: Ich lobe mich ob meiner Kühnheit, nach Polen zu reisen mit einem Manuskript, das nicht weniger verspricht, als Auskunft zu geben in Sachen Schriftstellerei. – Noch eine Eule nach Athen oder: Als ob man nicht in Schwierigkeiten käme, wenn man einen Platz nennen sollte, der literarischer als Warschau sei! – Kraków, sicher, so könnte der Vorschlag lauten, aber das hieße bereits sich in innerpolnische Angelegenheiten mischen, und nichts fürchtet der Internationalist heute mehr als den Vorwurf, er mische sich wo ein.

Aber erklären wird er sich dürfen, und deshalb erkläre ich: Polen gilt mir aus allgemeinen wie zugespitzt persönlichen Gründen als ein überaus literarischer Ort. Müsste ich die allgemeinen Gründe nennen, verdienten sie ihren Namen nicht – man hat nicht Polens Geschichte, ohne literarisch zu werden. Literatur, das ist ein anderes Wort für Ausweg.

Womit ich schon bei den verschärft individuellen

Motiven bin, durch die ich mich veranlasst fühle, dieses Land und meine Profession in unlöslichem Zusammenhang zu sehen.

Gewiss habe ich in einer Gegend, die Deutschland hieß, das Alphabet erlernt und die Kunst dazu, einen Griffel in bestimmter Ordnung über die Schiefertafel zu führen, aber wozu ein solches Vermögen gut sein könne, erfuhr ich, mit Verlaub, fast auf polnische Weise. Schreiben zu Zwecken des Selbstschutzes und der Selbstmitteilung kommt selten nur aus einem einzigen Grunde in Gang, es ist meist ein Fluss, der mit einem Delta beginnt. Mit einem Quellsystem. Mit einer Not, von der man schreien möchte. Mit einer Lust, von der man schreien muss. Mit einem Spaß, der uns zerrisse, könnten wir ihn nicht weitersagen. Mit einer Sehnsucht, an der wir erstickten, könnten wir nicht wenigstens eine Andeutung von ihr machen. Schreiben kommt von außerordentlichen Lagen her und hat weniger mit Begreifbar-machen-Wollen als mit Begreifenwollen zu tun. So gesehen, hat einer meiner Anfänge unweit von hier stattgefunden.

Hochverehrte Herrschaften, Sie alle sind, dessen bin ich sicher, mit literarischem Denken so innig vertraut, dass Sie sich gleich mir gewundert haben werden, wie viel Redezeit ich verstreichen ließ, ehe ich auf meine erste Begegnung mit Warschau die Sprache brachte. Immerhin verdankt sich unser heutiges Zusammentreffen dieser Begegnung – oder sollte ich denken, Sie hätten mich auch eingeladen, wenn es sich bei jenem Landstrich, der immer wiederkehrt in meinen Büchern, um Andalusien handelte? Zwar schließe ich das nicht aus, denn Wagemut und Selbstschätzung gehören zur Schriftstellerei, doch wird das Polen-Motiv in meiner Arbeit einen Ausschlag gemacht haben. Das ist mir sehr recht, denn wie ich jetzt meiner Bücher wegen nach Polen kam, bin ich einstmals Polens wegen zu meinen Büchern gekommen.

Keine Sorge, es handelt sich hier nicht um ein artig gemeintes Komplimentchen; es handelt sich um ein autobiographisches Faktum, das sich bibliographisch belegen lässt. Meine allererste Erzählung, »Kleine Schachgeschichte« heißt sie, hat einen Schauplatz, der wahrscheinlich der Hauptschauplatz meines Lebens war: Obóz Pracy (Arbeitslager) Warszawa, Ulica Gęsia, und meine allerersten Versuche, einen Roman zu verfassen, zielten auf eine Geschichte hin, die, als ich zwanzig Jahre später eine taugliche Fassung für sie gefunden hatte, den Namen »Der Aufenthalt« bekam. Auch sie spielt in einer Warschauer Bewahranstalt (Zentralgefängnis): Rakowiecka 37 lautet die Adresse.

Ich halte durchaus dem Vorsatz die Treue, Ihnen von der ersten Zusammenkunft zu berichten, die zwischen Warszawa und mir zustande kam. In Hinblick auf dieses Ereignis handelt es sich bei der Erwähnung meiner ersten Geschichte und meines dritten Romans keineswegs um retardierende Einschübe; vielmehr haben wir es mit Arbeiten zu tun, die lesbar wurden, weil ich auf Warschau traf, wie ich auf Warschau traf. Fast bin ich versucht, von kathartischer Wirkung zu sprechen, aber die Sache hat einen Haken: Aristoteles hatte unsere Läuterung durch Furcht und Mitleid im Sinn, wo er von Katharsis sprach, doch wenn ich auch Furcht ganz überreichlich empfand, als ich im frühen Oktober 45 auf einer Pontonbrücke von Praga her über die Weichsel kam, so kann ich mich an Mitleid nur in seiner elenden Abform, die Selbstmitleid heißt, erinnern. Läuterung und Reinigung hätten gänzlich ausbleiben müssen, wäre mir nicht mein literarischer Sinn, von dem ich freilich nicht wusste, beigesprungen. Er setzte mich in den Stand, über der Angst noch Neugier zu fühlen und nicht nur nach mir und meiner Not, sondern auch nach der Not anderer zu fragen. Zu fragen vor allem; das brachte schon manchen Schreiber in Gang.

Dies ist eine Stelle, an der ich leicht ins Eifern gerate – wenn ich zu erzählen beginne, wie anstößig, ja hochverdächtig das Selbstverständliche war. Tatsächlich haben meine damaligen Kameraden eine Kunst beherrscht, die zu den verderblichsten auf Erden zählt, sie haben sich das Denken verkniffen. Oder sagen wir: Sie haben getan, als könnten sie das. Kann ja sein, dass in ihnen wildeste Gedankenkämpfe tobten, dass von Schuld und Sühne ein Geschrei in ihren Herzen ging. Kann schon sein, nur hat man davon nichts gemerkt. Gemerkt hat man, wie wenig willkommen einer war, der sich in einen Zusammenhang mit dem brandigen Panorama bringen wollte und die Vermutung äußerte, der Zustand dieser Stadt und sein nunmehriger Aufenthalt in ihr hätten miteinander zu tun.

Damit wir uns recht verstehen, liebe Freunde, ich

behellige Sie nicht mit meinen Erinnerungen, weil es mir darum ginge, einigermaßen rechtschaffen vor Ihnen dazustehen. Zwar wäre mir das lieb, doch haben Sie sich nicht deswegen den Weg gemacht. – Über Schriftstellerei werde hier gehandelt; so lautet die Verabredung. Nun, ich halte mich strikt an sie. Ich versuche z. B. zu sagen, wie sich einer als Schriftsteller entpuppt, versuche es empirisch, benutze mich als Material, nutze den Umstand, dass ich über mich ein wenig Bescheid weiß, und nutze Ihr Interesse an allen polnischen Dingen schamlos aus, indem ich diese mit meinen literarischen Dingen zusammenknüpfe.

Nach den Symptomen frage ich, durch die ein künftiger Schreiber auffällig wird, und komme, wie ich die eigene Laufbahn daraufhin untersuche, an mich als einen Neunzehnjährigen, dem es in der zermahlenen Stadt Warschau nicht zu einem guten Gewissen verhilft, dass er sie in einem anderen Zustand niemals gesehen hat. Es hat mich, auch so eine literarische Mischung, zugleich beunruhigt und belustigt, zu hören, wie meine Kameraden sich nicht schuldig am Zustand Warschaus betrachteten, weil sie doch vor Leningrad gelegen oder Bomben auf Rotterdam geworfen hatten. Dazu konnte ich nur nicht mein Maul nicht halten, ich machte auch noch ein ironisches Schandmaul daraus. Und musste es auftun.

Nicht oft genug kann ich sagen, wie viel Glück einer hatte, der, mit solchen Neigungen ausgestattet, nach Warschau kam, in eine Stadt, von der es nicht nur dieses Schloss nicht mehr gab, sondern auch das alte Viertel da drüben nicht und die neuen Viertel da hinten nicht und die Brücken da unten nicht und die meisten Bäume nicht und sehr viele Menschen nicht, dafür aber unter den wenigen Menschen viele, die, weil sie sich an einen abstrakten Deutschen nicht halten konnten, sich an die Deutschen hielten, so konkret sie sich nur fanden. Ja, man hat sich sehr konkret an mich gehalten, und obwohl mir zum Masochismus alles fehlt, sage ich ein weiteres Mal, wie hilfreich es war, an einem kalten Oktobertag über die Weichsel zu kommen und, mit nichts weiter als einem Haufen Angst ausgestattet, die zerrissene und zerriebene Siedlung zu sehen, die mit ihrem polnischen Namen Warszawa heißt.

Stellen Sie sich vor, es hätte mich in ländlich entlegene Auen verschlagen, wo der Krieg zwar auch gewesen, aber doch nicht mehr zu sehen war – was hätte in den kommenden vier Jahren mein Fragen in Gang gesetzt und was mir die Klage zurück in den Hals gestopft? Wo hätte ich den Antrieb hergenommen, der dann in Schriftstellerei geendet ist? Ich denke zwar, der Hang, sich mitzuteilen, hätte sich am Ende auch von keiner Idylle dämpfen lassen, aber die Art meines Schreibens kam zustande, weil ich in keiner Idylle war. Ich habe Warschau gesehen, als es noch wie tot dalag, und nur eine technische Einzelheit unterschied mich von denen, die es beinahe erschlagen hatten. Was Wunder, dass man sich hier nicht so sehr für die technische Einzelheit interessierte und mich nach Maßstäben behandelte, die von meiner Uniform hergeleitet waren.

Gestatten Sie mir bitte an dieser Stelle eine ganz und gar unliterarische, eine ganz und gar politische Bemerkung: Mir ist zu keiner Stunde der Gedanke gekommen, das Verhältnis Deutsche und Polen verrechne sich zu einer ausgeglichenen Bilanz. Was ich gesehen und gehört hatte, reichte rasch und fürs Leben hin, mir jede Vorstellung von einer ausgewogenen Schuld-Schuld-Beziehung zu verbieten. Und es nimmt mir immer noch den Atem, wenn ich verantwortliche Leute vor ihre Landsleute oder Landsmannschaften, ihre Wähler jedenfalls, treten sehe und großzügig beteuern höre, sie wollten an polnische Schuld nicht weiter rühren, weil eine deutsche Schuld sich schließlich nicht gänzlich leugnen lasse. In solchen Augenblicken bin ich besonders froh, dass es meine Obrigkeit nicht ist, die da so tönt. Und froh bin ich auch, ein Literat zu sein, weil mich das in den Stand setzt, den gewöhnlichen Revanchismus und die habituelle Heuchelei wahrzunehmen und mit diesen Worten zu bezeichnen.

Doch wie gesagt, ich habe es einfacher als viele andere gehabt, denn Warszawa gab sich nicht damit zufrieden, mir die versengte Schulter des Flusses und die verschränkten Arme in der Rakowiecka gezeigt zu haben, Warszawa holte mich auch dorthin, wo einer, in dem sich etwas Schriftstellerisches regte, besonders gut aufgehoben war. – »Es gibt keinen jüdischen Wohnbezirk in Warschau mehr«, hat General Stroop gemeldet und nicht erwähnt, dass nicht nur eine Kirche, sondern auch ein Barackenlager stehengeblieben war, im Ghetto an der Gęsiastraße, unweit der Milastraße, unweit des Pawiak-Gefängnisses, unweit des Kommando-Bunkers, ganz und gar dort, wo der Aufstand begonnen und geendet hatte. Dies wurde nun mein Wohnbezirk und ist mein wichtigster Lebensbezirk geworden.

Und zwar, weil ich es nicht aushielt, stumm die idiotischen Klagen hinzunehmen, die ich von meinen Brüdern, Nachbarn, Kameraden und Landsleuten hören musste. Und zwar, weil ich Widersprüche sah und mich im Widersprechen übte. Und zwar, weil ich hinter die Kraft der Sprache kam, als ich nichts anderes hatte, womit ich mich wehren konnte.

Nein, meine Herrschaften, das hatte gar nichts Heroisches oder besonders Mutiges; es war auch eine Frage der Streitsucht, und mein Glück war es, für diese Streitsucht den richtigen Gegenstand gefunden zu haben. Man kann es Anmaßung nennen, wenn ein sehr junger Mensch einer großen Gruppe älterer Menschen, Tausenden von ihnen gegenübertritt und behauptet, er habe recht und sie irrten. Jedenfalls sprechen wir heute in solchen Fällen sehr schnell von Anmaßung und schon gar dann, wenn die Gruppe älterer Menschen, die da von den Jungen attackiert wird, nicht besonders groß, sondern besonders klein ist.

Doch ist ja Literatur unser Thema. – Ich will mit Hilfe des jungen Mannes, der ich einmal in dieser Stadt gewesen bin, von Literatur reden, die selten ohne Anmaßung in Gang gekommen ist. Tatsächlich liegt die schon vor, wenn einer zu Bleistift und Zettel greift und so ausgerüstet Anstalten trifft, der Menschheit

Nachricht von seiner Existenz zu senden. Tatsächlich liegt Anmaßung vor, wenn man sich an eine Neuaufteilung der Welt begibt: Die anderen sollen hören, der eine will sprechen; einer stellt sich dar, der Rest ist Publikum.

Keine ungefährliche Sache, aber eine, bei der eine Menge Bücher herausgesprungen sind. Keine ungefährliche Sache, weil man sich entsetzlich blamieren oder, schlimmer noch, widerspruchslos akzeptiert werden kann. Noch einmal mein Glück: Weder endete ich in Schande, als ich in unwissentlicher Anmaßung bei maßlosem Unwissen eines Tages einige Kilometer und mehrere Lichtjahre fern von hier auf einen Schemel sprang, um gereimte Meinung von mir zu geben – weder endete ich in Schande, noch nahm man mich mit offenen Armen oder Ohren auf. Man hörte mich an, das war alles – wenn das wenig scheint, dem Anfangenden ist es, zu Anfang jedenfalls, unendlich viel –, man hörte mich an, denn immerhin hatte ich mich durch eine Besonderheit hervorgetan. In all der Barackenödnis, in all der Gedankenstumpfe war ich tatsächlich auf eine der raren Sitzgelegenheiten gestiegen, hatte einen Stoß beschrifteten Tütenpapiers aus der Tasche gezogen und tönte nun wie vom Berge, obwohl mein Standpunkt nur ein selbstgezimmerter Hocker in einem Bretterverschlag war, den Herr Stroop vom Warschauer Ghetto übriggelassen hatte.

Die Gunst der Umstände, die in der Abwesenheit von Fernsehen, Radio, Zeitung, Kino, Theater, Disko oder Versammlungswesen bestand, sicherte mir ein Quäntchen Zeit, während dem meine Nachbarn die Nasen aus den Skatkarten nahmen. Doch ehe ich mich an meinen ersten Poetentriumph verliere, will ich von einem anderen Triumphe Meldung tun: Heinrich Heine, Sie wissen schon, jener Dichter, den die Deutschen eine Weile überhaupt nicht gekannt haben und bei dem sie inzwischen alle die besten Kunden sind, Heinrich Heine also hat, jeder kennt die Stelle, die Befürchtung ausgesprochen, in kommunistischer Zukunft werde der Krautkrämer sein »Buch der Lieder« zu Tüten verwenden, »um Kaffee oder Schnupftabak darin zu schütten«. Nach Schriftstellers Art freut es mich sehr, mitteilen zu können, dass ich es ganz anders erlebte. Als für mich die kommunistische Zukunft begonnen hatte, so sah man das damals jedenfalls, und in einem Lager in Warschau war's, da entriss ich den Krautkrämern von der Küchenverwaltung einen Teil ihrer Tüten, um meine Lieder darauf zu schreiben und diese anstelle Kaffees oder Schnupftabaks an die einsitzende Menschheit auszuschütten. Ende des, wir reden über Schriftstellerei, nicht ganz ernst zu nehmenden Einschubs, Fortsetzung des, wir reden über Schriftstellerei, todernst gemeinten Berichts.

Die Ansicht, die zu verfechten ich in Herrn Stroops Hütte auf einen Schemel gestiegen bin, ergab sich aus meiner damaligen Arbeit und den diese begleitenden Gesprächen. Sie drehten sich vornehmlich um das schöne Leben, das wir vor jenem Zeitpunkt geführt zu haben schienen, an dem uns eine böse Zauberhand aus dem Stande der Unschuld in den Stand von Beschuldigten geworfen hatte. Nicht einmal über die Anschuldigungen pflegte man sich zu unterhalten; man unterhielt sich über dänische Gänsebraten und italienische Hühnersuppen. Das Schmatzen von gehabtem Schmaus unterbrach sich nur zugunsten der klagenden Frage: Wann kommen wir nach Haus? – So ähnlich reimte ich auf meinen Suppentüten und lernte bald, wo des Poeten Grenzen liegen. Solange ich »Schweinespeck« und »Ohrendreck« zu holprigen Versen verband, nahm man meinen Unterhaltungsbeitrag nicht nur hin, sondern an. Solange ich boshaft auf der Gefährten Kosten war, gab man sich amüsiert. Solange ich beim Eigenen blieb, blieb ich einer von ihnen. Jäh jedoch brach alles Wohlwollen ab, wo ich nicht nur den Mangel an Brot, sondern auch das Überangebot an geborstenen Steinen erwähnte und das eine mit dem anderen in Berührung brachte. Alles war erlaubt – außer dem Verständnis für die anderen.

Dabei kann ich mir nicht einmal bescheinigen, ich hätte solches Verständnis gehabt. Ich begriff nur die Entrüstung nicht, mit der man reagierte, weil man, anstatt in den Zug nach Hause gesetzt zu werden, für eine Weile auf den Schutthalden beschäftigt wurde. Ich wollte heimwärts wie jeder, und Heimweh hatte ich für zehn, aber ich verstand nicht, was unverständlich daran war, wenn man in der Wüstenei herangezogen wurde, ein Stück Gelände freizulegen.

Literatur, zu der ich mich zwischen den Steinen anschickte, ohne davon zu ahnen, ist auch der Versuch, die anderen selbst dann zu verstehen, wenn das gegen den eigenen Vorteil geht. Fragt man sich, warum einer, der Schriftstellerei betreibt, neben gelegentlichem Beifall unvermeidlich Argwohn herbeiruft, hat man damit eine von vielen Erklärungen.

Mein Schreiberleben begann mit Unwissenheit und einer Ahnung von deren fürchterlichen Folgen. Und von Ignoranz in schlechthin absurden Dimensionen (in Größenordnungen also, die zur Literatur geradezu verlocken) hatte ich eine Probe, als ich Herrn Stroops Gehäuse im ansonsten hauslosen ehemaligen Ghetto bewohnte. Wir wussten nämlich nicht, wie wir das Geröll zwischen Ulica Gęsia und Ulica Pawia abräumten, um welch besonderes Geröll, um welch besonderes Gelände es sich handelte, auf welchem besonders schändlichen Schandfleck wir uns bei erzwungener Arbeit nörgelnd bewegten.

Ich schwöre: Viele wussten es wirklich nicht. Ich sage nicht, wir konnten es nicht wissen, ich sage nur, wir wussten es nicht. Wir wussten es genau auf die Weise nicht, auf die wir alles andere nicht gewusst hatten. Man hatte uns nichts gesagt, wir hatten nicht gefragt, und nun wussten wir nicht. Es handelte sich um selbstverschuldete Unwissenheit, der ein oberer Platz auf des Schreibers Liste menschlicher Übeltaten gehört. Noch im Lager war unser Zustand ein präziser Abdruck jener Haltung der Deutschen, durch die Faschismus möglich wurde. Man bekam zu verstehen und verstand, dass man nicht zu fragen hatte. Dummheit als Existenzbedingung. Dummheit als eine Bedingung, durch die anderer Existenz dann endete.

Sie kennen die Geschichte vom Reiter über den Bodensee, jenem Menschen, der tot umfiel, als er erfuhr, wo und in welcher Gefahr er gewesen war. Nun, ginge es im Leben zu wie in den belehrenden Balladen, hätte fast alle ehemaligen Insassen des Obóz Pracy Warszawa, Ulica Gęsia, im Nachhinein der Schlag treffen müssen, denn innerhalb der Lagermauern hörten sie kein Sterbens-, ja, kein Sterbenswort davon.

Bei so vielen Ausrufezeichen in Richtung der Deutschen wird ein Fragezeichen in Richtung der Polen gestattet sein: Bis heute ist mir unklar, warum man nicht einen jeden von uns, bevor er Quartier in Herrn Stroops Quartier bezog, herumführte um den ehemaligen »jüdischen Wohnbezirk« und ihm zeigte, wie wenig der General in seinem Erfolgsbericht übertrieben hatte und wie wenig Grund wir hatten, unsere nunmehrige Existenz als besonders miserabel zu empfinden. Bis heute ist mir kaum klar, warum man uns nicht wenigstens sagte: Dies ist ein Konzentrationslager, das ihr errichtet habt, und das da draußen war eine Stadt, die ihr vernichtet habt – hier ist eine Schaufel, und bitte nun Schluss mit dem Jammer!

Nichts dergleichen wurde gesagt; vielleicht, weil man kein Wort an uns verschwenden wollte. Ja, der Versuch, die Sprache auf diese Dinge zu bringen, galt zunächst als verboten, galt als Politik, und die war nicht erlaubt. Was bekanntermaßen noch nie den Anfang von Schriftstellerei verhindert hat. Das Verbot der Lagerverwaltung und die Verweigerung der Lagerinsassen gab die doppelte Zündfläche her, auf der sich das Literarische in mir anreiben musste. Ach, wie entflammt hätte ich wohl meine Schemelverse gesprochen, wäre ich nicht doppelt ahnungslos gewesen. Ich wusste von Vergangenem nichts und von Künftigem schon gar nichts; einzig der Gegenwart, die vornehmlich aus unübersehbaren Trümmern und womöglich endloser Gefangenschaft bestand, galt mein eiferndes Reimen. So war von Banalitäten meine Rede anstatt vom Humor, der doch immerhin vorliegt, wenn welche in so umgebenen Baracken sitzen und meinen, sie wüssten, was ein Übel ist.

Später, als man mir den sozialistischen Realismus zu erklären versuchte, man ist immer noch dabei, hieß es, eine Perspektive sei für den Dichter wichtig, und auch so gesehen war ich keiner. Vielleicht kam ich nicht ins positive Träumen, weil die dafür nötige Kraft aufgezehrt war überm Sachverhalt, dass die Wüstenei und wir doch in einer gewissen Relation zueinander standen. Vielleicht hatte ich mich verbraucht, als ich mich vor tausend Dschingis Khans als Überbringer dieser schlimmen Post versuchte. Vielleicht war ich auf dem langen Marsch zur Wahrheit verschlissen. Jedenfalls begriff ich nicht viel, als ich eines Tages, als Gefangener auf einem Barackendach sitzend, der Einweihung des Denkmals für die Ghettokämpfer zusah. Viel mehr als: Aha, dafür haben wir hier aufräumen müssen!, dachte ich kaum. Auf die entsetzliche Wahrheit, dass ich nicht nur am Zustandekommen des Denkmals, sondern auch an seinen blutigen Voraussetzungen meinen Anteil hatte, kam ich erst viel später. Erst schreibend, also erfindend, kam ich darauf. Erst der Romanschreiber fand heraus, dass sein ärmlicher Held lange vor Beginn seines Aufenthalts in Warschau dortselbst tätig oder wirksam gewesen war. Per Literatur erst stellte sich eine Erkenntnis her, zu der mir vier Jahre Gefangenschaft nicht reichten.

Dies eben war eine Bemerkung, wie man sie sonst nur macht, wenn wieder einmal nach dem Verhältnis von Dichtung und Wahrheit die Frage war. Die Wahrheit ist, dass ich 1970 beim Anblick des berühmten Kniefalls nicht nur Hochachtung empfand, sondern auch eine etwas beschränkte Genugtuung, weil ich ja, sehr buchstäblich, mit meinen Händen half, den Gedenkplatz begehbar und bekniebar zu machen. Gut, mir fiel ein, der Kniende habe seine große Geste freiwillig getan, ich die kleinen Handreichungen unter Zwang, aber ich hielt mich dennoch für beteiligt an ihr.

Die Wahrheit ist, dass dies richtig war und bleibt, längst aber durch einen Roman seine Ergänzung fand. Die Wahrheit ist, dass Dichtung manchmal die tiefere Wahrheit liefert. Die Wahrheit ist, dass hier von Dichtung nicht die Rede sein sollte, nur von Schriftstellerei. Die Wahrheit ist, dass mein Schreiben ohne Warschau ganz anders in Gang gekommen wäre und in andere Richtung vermutlich. Die Wahrheit ist, dass ich gar nicht wissen möchte, wohin und wie. Wozu auch, ich habe doch mit dieser Stadt ein maßloses Glück gehabt.

Isa

Es wird weniger eine Sache des Ruhmes und der Ehre als eine des Nichtverhungerns gewesen sein, dass meine Schwester Isa, nachdem sie fortgelaufen war, ihr erstes Geld als Schießbudendame verdiente. Keine verschleppte Hamburger-Dom-Seligkeit hat sie in die Segeltuchbude auf dem Heiligengeistfeld gezogen; vielmehr trieb ein Gemenge aus widrig Miesem und fauligem Wind sie dorthin.

Weil es öfter zur Sprache kam, ganz knapp: Sie hatte eine Liebschaft mit einem georgischen Soldaten, der den Deutschen als Russe galt. Was sie zum Russenliebchen machte. Was mich nicht störte. Als Antifa-Herald war ich ähnlich beliebt wie Isas Hauptmann. Obwohl wir einander gejagt und auf verschiedenen Seiten des Lagerzauns gestanden hatten, sah ich ihn und mich im Bündnis. Meine Schwester wird es kaum so gesehen haben. Sie und Sascha heulten sich beinahe zu Tode, als man ihn zurück in den Kaukasus kommandierte. Ob sein Alleroberster Landsmann ihn wegen allzu privater Auslegung des staatlichen Prinzips der deutsch-sowjetischen Freundschaft in eines der von mir verlassenen Lager steckte, hat sie nicht erfahren. So wenig wie Sascha von ihr als einer verjagten Frau, die jeden Frühwinterabend fremde Männer in Domlicht und Domlärm und Domdunst fragte: Mal schießen, der Herr?

Viele Herren werden das gewollt haben. In der Kunst, eine Frage wie eine zwingende Einladung klingen zu lassen, war Isa firm. Im Nieselregen am Millerntor, in Niederschlägen aus exhaliertem Elbschloss-Bier, im Quasseln von aberhundert qualmenden HB-Männlein, im Brabbeln der Kneiper, die den Sniper gaben, in saschaloser Vorweihnachtszeit, in der die Knicker knallten und davongekommene Obergefreite lallten: *Gib ma 'n Kuss!* und *Jeder Schuss ein Russ'*, hat sie nach kurzem Ekel zu Gleichmut und Glühwein gefunden, hat über die Fremde gesagt: Besser als eine Heimat, die keine Russenliebchen liebt. – Mal schießen, der Herr?

Weiteres kann ich nur vermuten. Ich sah sie erst wieder, als das Heiligengeistfeld längst hinter ihr lag und die Reeperbahn ihr zu Füßen. Ich komme gleich auf diese Übertreibung, rede aber vorher von Isas Pflichtjahr in einem entlegenen Nest, das Gnoien hieß. Sie nannte es eine muffige Rübenmiete. In Anlehnung an den Hamburger Mecklenburg-Spott *Land Ei-en, wo die Kar-toffeln gedeih-en* fügte sie hinzu: *Kaff Gnoi-en, wo die Wrucken gedoi-en.* – »Sagen sie in Gnoien so?«, fragte ich, und meine Schwester antwortete: »Ich sage so.«

Weil ich unter lauter Sprachverliebten aufgewachsen bin, begegnete ich noch ganz anderen Sprüchewandlern, aber meine Schwester war die erste Urheberin, die auf ihre Rechte verwies. Kein Gedanke, ich wäre, als sie das Kaff Gnoien in sein Runkelgrab verscharrte und die Rübenkuhle mit einem waghalsigen Reim verschloss, auf den Gedanken gekommen, sie sei eine besondere Person. Doch sind wir einander verlässliches Publikum geworden.

Über den Hauptmann tauschten wir uns auch später nur in Knappheit aus. Zwischen Heimkehr und neuer Ausfahrt fand ich den Mut nicht, die Rede auf ihn zu bringen. Eigenes Liebesleid macht hilflos, aber wenn deine Schwester wegen einem deiner Besieger zum Himmel schreit, wirst du dumm wie Stein. Stumm wie Stein sollte ich schweigen von Isas Geschichte, die sich wieder und wieder in die Geschichte auf den Steinen der Spitalerstraße drängt, solange ich nicht sehe, was die eine in der anderen verloren hat. Dabei sehe ich es. Sehe einiges.

Nur einiges. Obwohl äußerlich nichts von Verwandtem an ihr war, erinnerte mich die robuste Grenzbeamtin Anni an meine gar nicht robuste Schwester, die über die längste Zeit ihres Arbeitslebens in Kneipen und Imbissbuden das Sagen hatte. Auch wenn die zugehörigen Männer das Sagen zu haben schienen. Die machten sich insofern um Isa verdient, als sie keinem von ihnen und keinem von ihrer Art viel zutraute. Oder allzu viel anvertraute. Ich habe unterschiedliche Vertreter meiner Spielart Mensch an ihrer Seite gesehen. Manche davon sind nach Gesetz und Besitz ihre Chefs gewesen. Chefin war immer sie.

Dem zweiten Mann in der Männerreihe bin ich nicht begegnet. Was wahrscheinlich besser für uns beide war. Den ersten sah ich, wie gesagt, in den ersten Teilen allzu vieler Abende in einer Uniform, die ich aus Gründen nicht mochte und aus anderen Gründen mögen wollte. Im zweiten Teil der Sascha-Besuche erfuhr unser Haus, wie Trennungsschmerz, untermischt mit grusinischem Wein und russischem Wodka, auf Mecklenburgisch und Georgisch klingt. Wenn ich ein knappes Wort meiner Schwester später richtig gedeutet habe, hat sie gemeint, der Hauptmann hätte nicht von ihr fort in den Kaukasus gehen dürfen. Sondern mit ihr gehen müssen, dem Westen und der Nordsee zu. Ich versuchte zu sagen, dem habe Stalin einen Riegel aus einer halben Million Soldaten vorgeschoben. Sie ließ das nicht gelten. Wohl, weil es für sie ähnlich gegolten hatte.

So weit zu Kapitan Sascha, der im Osten der Einzige war, den ich kannte. Auftritt als Erster im Westen hat nunmehr der Zweite der vereinigten Reihe. Es handelt sich um einen der Herren, die auf dem Hamburger Dom mal schießen wollten. Bei diesem Bescheid belässt er es zunächst, bis er Isa nach einigen Wochen mit dem Märchentext kommt: *So du mir drei Jahre treulich dienest, will ich für den Rest dein Ehemann sein*. Er ist von Sylt her und hat da ein Haus und eine Mutter. In Hamburg gehört ihm ein Juweliergeschäft. Und nunmehr eine Frau, die ihm treulich dient. Wie die drei Jahre um sind, sagt er, seine Mutter sei schon immer dagegen gewesen und es tue ihm leid.

Kaum ist aus diesem Geschäft nichts geworden, findet sich ein Geschäftsfreund des Schmuckhändlers ein. Der handelt nicht gerade mit Schmuck, kennt sich aber damit aus. So gut, dass ein beinahe berühmtes Reeperbahn-Lokal dabei herausgesprungen ist. Da kann der Besitzer eine Hilfe wie Isa, die weiß, dass Umsatz zwar nicht alles, doch vieles ist, gut gebrauchen. Die hat aus dem ersten Märchen gelernt und will geheiratet sein. Sie wird geheiratet und ist in der Goldgrube jene, die das Gold zutage schafft. Während er es versilbert und zu Spielschulden macht.

Als er, im Weinbrand ersoffen, unter der Erde liegt, regiert Isa einen Imbiss an der Osterstraße und lebt mit Ivo, der, wenn man Dunkles für Klartext nimmt, dereinst kroatischer Faschist und hernach Polizist bei den Displaced Persons gewesen ist. In Eimsbüttel will er mich zu Hummersuppe und Hühnerbrühe überreden, die ich beide nicht mag. Sobald sie draußen in Rissen die Kneipe gepachtet haben, sagt er, nehmen sie Ochsenschwanzsuppe ins Programm. Die mag ich auch nicht.

Rissen ist ein Dorf innerhalb der Stadtgrenzen. Die ehemaligen Bauern sind insofern ewige Bauern, als sie auf Isa und Ivo gerade gewartet haben. Also warten Isa und Ivo auf die Bauern und trinken, damit wenigsten einer das macht, den einen oder anderen Schnaps. Dann will die Brauerei die überfällige Pacht oder, falls nicht, die Kneipe zurück. So gehen Isa und Ivo zurück nach Altona. Isa verkauft Suppen und Säfte in einem Kiosk an der Großen Bergstraße und wird Freundin der türkischen Kinder ringsum. Als Ivo unter einen Ford *Taunus* gerät, überlässt Isas Chef ihr den Imbiss in der Schanzenstraße. Will sagen, den Arbeitsplatz in diesem.

Sie lebt mit ihrem jetzigen Mann, den alle *Ammann* nennen, einem belgischen Fernfahrer, der aus unbekannten Gründen nie nach Belgien fährt, in einer Kellerwohnung in Hamburg-Eidelstedt. Reinlich, gemütlich, nicht ärmlich, billig. *Ammann* spannt vor alles und jedes den fröhlichen Ausruf: *Kein Problem!* Als ich sage, der Belgier Baekeland habe das Bakelit erfunden und irgendwie passe es zu Belgien, ruft er fröhlich: »Kein Problem!« Eines Tages fordert Flensburg den Führerschein *Armands*, sprich *Ammanns*, auf Dauer an, und allmählich fällt meiner Schwester das Laufen schwer. Das Leben nicht anders.

Bevor man sie zu Grabe trug, standen wir wartend und wertend auf der Kirchenrampe. Der Pastor, ein junger schöner Mensch, der mir seltsam künstlich wie die Engel im Glas der Gründerzeit-Gebetshausfenster vorkam, sprach dem Witwer sein Beileid aus. Ammann hielt eine Zigarette in der hohlen Linken, die Rechte war nach dem Gruß in die Hosentasche zurückgekehrt. Die gültige Mode mit den überlangen Hosen und den überlangen Sakkos kam ihm nicht entgegen. Möglich auch, er hatte den Anzug von einem geliehen, der einen Kopf größer und zwei Schultern breiter war als er.

Wie wir in der Sonne warteten, bis Isa an die Reihe kam, sagte mein Bruder, sie sei die Beste gewesen.

Weil wir unsere ältere Schwester nicht gefragt hatten, kam es mir unerlaubt vor, doch stimmte ich zu. Edith konnte sich über mangelnden Respekt nicht beklagen. Mit dem letzten Satz meiner ersten Geschichte habe ich sie gemeint: »Die Königin war wunderschön, und sie war ganz allein«, lautete er und könnte, wie ich jetzt weiß, mit leichter Abwandlung auch der letzte Satz meiner letzten Geschichte sein.

Vorm Gotteshaus in Eidelstedt riet ich mir, der Hierarchie mit mir als Nichtbestem, die ich mir gefallen ließ, auch wenn sie mir nicht eingefallen wäre, in einem Erzählstück nachzugehen. Einem unangenehmen, wie vorauszusehen war. Schon, weil ich in ihm auf dem vierten Platz landen konnte, den man den undankbaren nennt. Vor allem aber, weil es geradeaus geliefert werden müsste und ich im Unterschied zu meinem Bruder keine Geradeaus-Geschichten kann.

In einer solchen wäre längst klar, warum mich die zeitweilige Ausschenkerin Anni an meine Schwester Isa erinnerte. Ich hätte es gleich oder bald begründen müssen. Wie es aber bei mir geht, wollte vorher alles Mögliche behandelt sein. Da musste ich zuerst mit diesem oder jenem Abschweif einen Kringel schlagen. Musste mich zieren mit Zeichen, Zitaten und anderen Dringlichkeiten. Nicht in geradliniger Morseschrift, sondern umständlich, wie ich es nicht anders kenne.

Eine reuig eingefärbte Einsicht, die nur etwas verschlägt, wenn ich die Lücke fülle und sage: Gemeinsam war den beiden Frauen außer dem gestreiften Kittelzeug und der Wacht hinterm Tresen nichts als die gesteuerte Geläufigkeit, mit der sie erledigten, was erledigt sein wollte. Das zutreffende Wort wird Gleichmut sein. Gleichmut als guter Verwandter der Gleichgültigkeit. Von Sturheit und Mopsigkeit ist diese Haltung weit entfernt. Gleichmut hat die meisten Proben hinter sich. Seine Steigerung heißt Unerschütterlichkeit.

Unerschütterlich ist Isa, siehe ihre Sascha-Zeit, nicht gewesen. Ob danach, weiß ich schon nicht. Aber ihren Gleichmut habe ich gesehen. Und ihre fast unerlaubte Heiterkeit. Ja, unerlaubt. Soweit sich Freiheit aus Freizeit und Sorgenfreiheit baut, war sie fast ihr Lebtag lang eine Unfreie. Ob als Wirtin oder Bedienerin, geschuftet hat sie für zwei bis drei. Ganz gesund wirkte sie nie. Um die Gesundheit ihrer Kasse stand es nicht zum Besten. Zum Lesen kam sie kaum, weil sie rechnen musste. Sie lebte nicht im Elend; es ist nur ein elendes Leben gewesen. Jede Menge Träume, alle geplatzt.

Ich bin es, der das sagt. Sie hat es nicht gesagt und hätte niemandem erlaubt, es zu sagen. Sie hat ihr beschissenes Leben hingenommen. Nicht mit Demut. Mit Gleichmut. So dass sie fähig blieb, anderen zuzuhören. Eine Kunst, ohne die du hinter dem Tresen nicht weit kommst. Nicht nur hinter der Bar nicht. Auch nicht am Kioskfenster. An jeder Tagesausgabenluke zahlst du drauf, indem du dem zahlenden Gast dein Ohr leihst. Nicht von ungefähr gibt es fünftausend Zeichnungen, die einen späten Kunden zeigen, der dem Barkeeper von seinem überraschenden Leben erzählt. Meine Schwester Isa ist von Eimsbüttel bis zur

Sternschanze, in St. Pauli und am Bahnhof Altona die Keeperin und Tenderin von abertausend Brüdern und einigen Schwestern gewesen. Nur die Bauern in Rissen haben sich auch in dieser Hinsicht an ihre Frauen gehalten. Von den Witzen im *New Yorker* unterschieden sich die Live-Zwiesprachen in Isas Lokalitäten, soweit es ihre Gesprächspartner betraf, vor allem durch eine verminderte Witzigkeit.

Bronzezeit und Südsee

Ein Briefwechsel zwischen Hermann Kant und Hermann L. Gremliza über die Internet-Enzyklopädie Wikipedia, Dichtung und Wahrheit

Lieber Hermann Kant,

der Kollege Stefan Frank macht mich gerade darauf aufmerksam, dass es bei Wikipedia, dem »alternativen« Internet-Brockhaus, über Dich heißt: »Bis 1976 war er auch IM für das Ministerium für Staatssicherheit.« Ich weiß nicht, ob Du Dich um solchen Kleinscheiß noch kümmerst. Wichtig ist, wie es Dir geht.

Herzlich grüßt Dich

Dein Hermann L.

Eine Antwort in zwei Anhängen:

Lieber Hermann,

statt »bis 1976« müsste es »ab 1926« heißen. Danke, aber es kümmert mich nicht mehr. Es geht mir halbwegs, und ich schreibe ganztags. Dir bzw. Du hoffentlich auch.

Brüderlich

Hermann

Lieber Hermann,

nun habe ich den HK-Artikel doch gelesen und kann ihn ins Verhältnis zum Ruf von Wikipedia setzen. Wenn das Ganze so ist wie dieser Teil, sollte man sich auf andere Weise unterrichten.

Weil die Gelegenheiten knapper werden und obwohl es nichts helfen wird, sage ich, was ich z. T. bereits mehrfach sagte, noch einmal.

1. Zur Wikipedia-Behauptung: »Bis 1976 war er auch IM für das Ministerium für Staatssicherheit.« – Solange ich Partei- und Verbandsfunktionen in Berlin innehatte, gab es Gespräche mit Vertretern dieser Behörde. Wie ich es damals sah, sollte das MfS verhindern, dass bei uns eines Tages wieder *Siemens* drin wäre, wo einst *Siemens* drangestanden hatte. Ich aber war, wie ich dem von Dir innig geschätzten Herrn Schirrmacher schrieb, »so geheim wie der Marx-Engels-Platz«. Eine Verpflichtung für das MfS fand in keiner Form statt, und entgegen der Behauptung von Michael Naumann, dem Corino-Verleger, der bei euch Bürgermeisterkandidat ist, habe ich auch kein einziges Stück Papier mit »IM Martin« unterschrieben. Nicht nur bis 1976, sondern bis 1989 war mir das Kürzel »IM« unbekannt. In dem Buch *Sicherungsbereich Literatur* von Joachim Walther steht übrigens, der für den Schriftstellerverband zuständige Mitarbeiter habe nicht nur mich »IM Martin«, sondern sich selbst gelegentlich »Martin« genannt.

2. Entgegen dem Wikipedia-Bescheid, ich hätte an Berlins Humboldt-Universität studiert und mit einer

Schrift über Plieviers *Stalingrad* promoviert, ist zu sagen: Es handelte sich, wie ich bereits vor Jahren dem Munzinger-Archiv mitteilen musste, um meine Diplomarbeit. Ich bin nicht Dr. phil. der Humboldt-Universität, sondern ein Dr. phil. h. c. der Universität Greifswald.

3. Der erste Satz des ersten Wikipedia-Absatzes, der »Leben« überschrieben ist, lautet: »Hermann Kant wurde in Hamburg als Sohn eines Orchideen-Gärtners in ärmlichen Verhältnissen geboren.« – In meinem Geburtsjahr 1926 war mein Vater Gärtner bei sogenannten Herrschaften; Jahre später wechselte er zum städtischen Hirschpark, wo er für die Orchideen zuständig wurde. 1933 zum Straßenfeger degradiert, weil er nicht für die Entlassung eines kommunistischen Kollegen und Freundes stimmte, hat er bis zum Beginn des Krieges die Elbchaussee gefegt.

4. Wikipedia sagt über H. K.: »Unmittelbar vor Ende des Zweiten Weltkriegs wurde er für sechs Wochen als Soldat eingezogen.« – Ich wurde am 8. Dezember 1944 Soldat; von da an hat der Krieg noch ein schreckliches halbes Jahr gedauert.

5. Über meine Gefangenschaft schreibt Wikipedia: »Während dieser Zeit begegnete ihm die Schriftstellerin Anna Seghers, die einen nachhaltigen Eindruck auf ihn auswirkte.« – Was gemeint ist, stimmt eher als das Deutsch dazu.

6. Zu meinem literarischen Wirken hat Wikipedia herausgefunden: »Sein erstes Buch, der Erzählband *Ein bisschen Südsee*, wurde 1962 von Heiner Müller schon

allein aufgrund des Titels als ›Bauernfängerei‹ bezeichnet.« – Müller hat dergleichen keineswegs getan, dafür aber in seiner »Autobiographie« meine Erzählung »Bronzezeit« »die schärfste DDR-Satire« genannt, die er in den letzten Jahren gelesen habe.

7. 1979 hatte ich laut Wikipedia »den Ausschluss von neun Schriftstellern aus dem Verband zu verantworten, unter anderem Jurek Becker, Erich Loest und Stefan Heym«. – Weder bei dieser noch bei einer anderen Gelegenheit wurden Jurek Becker und Erich Loest aus dem Schriftstellerverband ausgeschlossen.

8. Über die dramatisierte Fassung meines Romans *Die Aula* teilt Wikipedia so genau wie vage mit: »Mit mehr als 297 Aufführungen gehört *Die Aula* zu den am meisten aufgeführten Stücken des Deutschen Theaters in Berlin.«

Lieber Hermann,

ich verstehe Eure Anfrage sehr gut und bedanke mich für sie, aber was soll ich mich, zumal es nicht das Geringste nützt, nun auch noch über Wikipedia aufregen? Über ein Nachschlagewerk also, das hinsichtlich meiner eher ein Schlagwerkzeug ist und die Bronzezeit nicht von der Südsee unterscheiden kann.

Herzlich am 29. April 2007

Dein Hermann Kant

Namedropping

Uns Schreiber regierte ein Erbarmensmangel, von dem ich behaupte, in ihm habe sich jene klassenkämpferische Parteilichkeit geäußert, zu der ich mich ebenso oft bekannte, wie die meisten der westdeutschen Kollegen sich frei von ihr wähnten. Zugegeben, Schriftsteller sind auch so schon ein zänkisches und großtuerisches Volk, sie sind ungefähr so wichtig und angenehm wie die Gänse am Capitol, aber when writers East met writers West, trafen vor allem politisches Ost und politisches West mit erweitertem Vokabelstand aufeinander. Anders ist der ebenso benannte Erbarmensmangel von Leuten nicht zu erklären, die, nahm man es genau, eher zueinander als gegeneinander gehörten. Sogar der Humor ging in die Binsen, wenn wir der Großen Konfrontation die Sprecher machten.

In die kurze Spanne Walser'schen Interesses an Organisationen wie VS oder gar DKP fiel ein sowjetischer Schriftstellerkongress, an dem, Sensation, auch der Dichter vom Bodensee teilnahm. Ganz nach Moskauer Art scherten sich seine und meine Gastgeber wenig um Abgrenzungsbedürfnisse oder Alleinvertretungsansprüche. Sie behandelten uns als »die Deutschen« und nicht so sehr wie Delegierte zweier sehr verschiedener Verbände. Unsere Botschaftsvertreter schienen Ohnmächten nahe; die westdeutschen Diplomaten waren auch hier wieder besser dran, weil sie das Literatentreffen mit viel Mühe gar nicht erst zur Kenntnis nahmen.

Zwar traktierte man uns während der offiziellen Sitzungen und in den Teilnehmerstatistiken als zwei Delegationen, aber bei den Mahlzeiten hielt man sich an eine verschollene DDR-Parole und bat die Deutschen an einen Tisch. Der stand im Restaurant des Hotels »Moskwa«, und Martin Walser vom Schwäbischen Meer führte an ihm das große Wort. Er brachte es fertig, mit Blick auf Gorkistraße, Manege, Kremltürme und Roten Platz die Abwesenheit von Welt und eigentlich auch Weltgeschichte zu beklagen, und weil er nun einmal dabei war, befand er, eine Siedlung, in der es keine Stadtpläne zu kaufen gebe, könne nicht verlangen, von ihm als urbaner Vorgang hoch veranschlagt zu werden.

Schon weil ich einmal Ohrenzeuge eines Wortwechsels zwischen Walser und Robert Neumann, dem auch nicht gerade zungenlahmen Parodisten, gewesen war, setzte ich mich der unglaublichen alemannischen Schlagfertigkeit nicht aus, sondern stieg einige Treppen hinunter zur Metro-Unterführung, erwarb am nächstgelegenen Kiosk einen Stadtplan und übergab ihn dem Autor der Anselm-Kristlein-Suaden mit der Bitte, Moskau die Stadtrechte nicht länger zu verweigern.

Der Romancier hatte leider nur den schlechten Einfall, aus dem problemlosen Kartenkauf auf ein inniges Verhältnis zwischen mir und dem KGB zu schließen, und falls er bemerkte, wie kühl es bei Tische wurde und wie sehr unsere eloquenten Dolmetscher ins Stottern und auch ins Murmeln gerieten, hat ihn das nicht bewegen können, einen Blick auf die Lage dieser Kollegen zu werfen. Dabei wusste schon jeder halbwegs höfliche Handelsreisende, wie ungut es sich für seine Moskauer Gastgeber auswirken musste, wenn an ihren Tafeln der Name KGB unnützlich fiel. Bruder Martin hatte seinen humorlosen Spaß, und das zählte. – Ich behaupte nicht, er hätte sich nicht zurückgenommen, wäre ihm bewusst gewesen, auf wessen Kosten er sich mit sich durchgehen ließ; ich spreche lediglich von einer machtgeschützten Oberflächlichkeit, die an einem Schriftsteller eher auffällt als, sagen wir, an einem beliebigen Hopfenhändler.

Grass wiederum wusste durch einen griesgrämigen Pädagogismus zu verblüffen, wenn man eine Hilfsbedürftigkeit nicht zeigte, die nach seinen Normen von einem zu verlangen war. Tatsächlich waren wir einander am nächsten, als Günter Grass aufbrach, die Luchterhand-Literatur aus dem Joch monopolistischer Tabellendrucker zu befreien, und ich mich dem Fähnlein nicht nur anschloss, sondern auch Grassens hilfreicher Leitung unterstellte. Tatsächlich ließ der Danziger beinahe Harmonie zwischen uns zu, wenn er mir seine Solidarität beweisen konnte. An Gelegenheiten fehlte es nicht; Günter Grass war zur Stelle, und ich werde ihm dankbar bleiben. Was mich nicht hindern kann, mich seiner Albernheiten zu erinnern, seiner höchst überraschenden Neigung etwa, den Oberlehrer zu geben, wenn er auf Zeichen von Selbstständigkeit oder gar bedenklicher Frühreife gestoßen war.

Nachdrücklich erfuhr ich hiervon, als ich einmal bei Bier und Fisch erzählte, wie ich mich in Wien zu blamieren wusste: Wieder »Impressum«-Zeit, wieder eine Lesung. Elisabeth Borchers, vorzügliche Lyrikerin und vorzügliche Luchterhand-Lektorin, hatte Freunde gebeten, meine Sachen mit anzuhören, und danach führte sie uns in ein äußerst literarisch anmutendes Café, wo wir einander mit Artigkeiten und Klatsch traktierten. Als die Rede auf die Frankfurter Buchmesse kam – früher oder später kommt sie in diesen Zirkeln immer darauf –, konnte ich endlich mitreden und berichtete von der Messewirtin, der es gelungen war, mich und ihren anderen Gast eine Woche lang organisatorisch so im Griff zu halten, dass wir zwar am selben Frühstückstisch tafelten, dasselbe Badezimmer benutzten, dieselbe Morgenzeitung lasen und derselben Lebensweisheiten unserer Gastgeberin teilhaftig wurden, aber einander nie unter die Augen gerieten. Der andere wurde »der andere Herr« genannt, und ich dürfte ihm der »andere Herr« gewesen sein. Erst als ich beim Abschied einen Spruch ins Herbergsalbum setzen sollte, stellte sich heraus: Der andere Herr war Helmut Heißenbüttel.

Nur, bis zu seinem Namen kam ich nicht bei meiner Erzählung im Wiener Caféhaus; er war mir, als er fallen musste, schlicht entfallen, und ob dieser unter Literaten besonders misslichen Blamage ließ ich von aller Vorsicht und bat die Damen und Herren am Tische, mir bei der Identifizierung des Kollegen behilflich zu sein, indem ich seine Kunsteigenart zu beschreiben versuchte. Es handle sich, sagte ich, um einen dieser avantgardistischen Artisten, die ohne Vokale auszukommen trachteten – ein Ehrgeiz, den sie mit dem Übereinsatz von Krächzlauten zu bezahlen hätten.

Selbstredend lieferte ich dummer Mensch eine Probe solcher Dichtung, und selbstredend war ich viel zu beschäftigt, mich aus der peinlichen Wissenslücke zu befreien, als dass ich die Reaktionen meiner Zuhörer richtig zu deuten vermocht hätte. Elisabeth Borchers zeigte, wie sehr die sprachliche Ausdruckskraft einer Lyrikerin von ähnlich umfassendem mimischem Vermögen begleitet werden kann; eben noch begeistert, schien sie nun gänzlich entgeistert zu sein, und nur ihre damenhafte Erscheinung hinderte mich an der Vermutung, sie habe mir mehrmals kräftig gegen die Schienbeine getreten. Ihr Gegenüber, ein Mann meines Alters, der zur Rundlichkeit neigte und zum kurzgeschorenen Haar eine Kassenbrille trug, schien auch nicht genau zu wissen, ob er lachen oder weinen sollte; Anteil nahm er jedoch sehr, und die Empörung seiner Begleiterin ließ er, vorsätzlich, wie es aussah, gar nicht heran an sich. Die Frau, seine Gemahlin oder etwas Ähnliches, war unzweifelhaft wütend auf mich, doch hielt ich mich damit nicht lange auf, weil der andere

Wiener sich ebenso unzweifelhaft angetan von mir zeigte. Oder wenn nicht von mir, so doch von meinem Bericht oder von etwas, das durch den ausgelöst worden war. Der Kollege, ein kräftiger blonder Kerl mit rötlichen Bäckchen und rötlicher Nase im mehlweißen Gesicht, kam lange nicht aus dem Lachen heraus, und wenn er nicht die Zeit bis zum Aufbruch noch genutzt hätte, mir zum »Impressum«-Text einleuchtende Komplimente zu machen, wäre er mir nicht nur etwas verschroben, sondern auch reichlich beschränkt vorgekommen. Die Heißenbüttel-Anekdote – dank meiner parodistischen Darbietungen kamen wir auf den Namen – war zwar nicht schlecht, aber ob man sich ihretwegen die Seele aus dem Leib kreischen musste, durfte bezweifelt werden.

Frau Borchers schien ähnlich zu empfinden, denn wie sie uns mit einiger Mühe zusammengebracht hatte, bemühte sie sich nun energisch um Trennung, und draußen vor der Tür fragte sie mich: »Sie wissen nicht, was der Jandl für Gedichte macht?« Das wisse ich kaum, antwortete ich; aber Jandl, sei das nicht der mit dem lustigen Ding über r und l, die man nicht verwechsern könne?

»Ganz recht«, sagte sie, »und wenn Sie nun noch etwas mehr kennten, wüssten Sie, dass sich eine Menge seiner Sachen anhören wie das, was Sie eben vorgeführt haben, um Ihrer Wertschätzung für experimentelle Lyrik Ausdruck zu verleihen.« Sie reproduzierte meine Krächzlaute, und endlich begriff ich, dass ich Ernst Jandl begegnet war und mich wie ein vollkommener Idiot vor ihm und seiner Frau, der Lyrikerin Friederike Mayröcker, betragen hatte. Um wenigstens etwas zu sagen, fragte ich: »Und der Freundliche, wer war nun das?«

Frau Borchers drohte wieder in die gefährliche Klemme zwischen Lachkrampf und Schreikrampf zu geraten, als sie behauptete, ich sei wahrscheinlich der einzige Mensch auf Erden oder wenigstens in Österreich, dem es beikomme, von Thomas Bernhard als »dem Freundlichen« zu sprechen.

An dieser Stelle der fatalen Geschichte, die ich erst Jahre später zu erzählen wagte, hielt es Grass nicht länger. Trotz der Fröhlichkeit ringsum, oder vielleicht gerade wegen ihr, schüttelte er sein Haupt in tiefer Verständnislosigkeit und sprach grämlich dazu: »Heißenbüttel, kaum zu glauben, wie kann man denn einen Dichter vom Range Heißenbüttels vergessen!«

Seither warte ich auf die Chance zum öffentlichen Vortrag einer Begebenheit, in deren Erzählverlauf mir der Name des Großen aus Danzig abhandenkommt. Es wird nicht einfach sein, schon weil ich versucht sein könnte, ein weiteres Mal jene erlauchten Runden zu erwähnen, an die ich hier oder dort geraten bin. Aber ich hoffe, der Gedanke, ich könnte den besonders angeberischen Angebern in meinem angeberischen Gewerbe noch ähnlicher werden, hindert mich, aus diesen Erinnerungen das zu machen, worauf autobiographische Unternehmungen fast zwangsläufig hinauszulaufen drohen, auf gigantisches Namedropping nämlich. Es ist eben schwer, mit Claudia Cardinale und Gregory Peck im Kreml gefrühstückt zu haben und von so erschütternder Begebenheit nicht zumindest etwas durchblicken zu lassen.

Wo dies nun geschehen ist, komme ich auf die beunruhigende Neigung allzu vieler Schriftsteller zurück, ihre Mitwelt mit Hinweisen auf die eigene Größe zu behelligen. Es sind keineswegs nur Möchte-gern-Schreiber, deren Renommiergehabe derart angreift; auch Damen und Herren der literarischen Oberklasse wissen in dieser Hinsicht anzustrengen. Kein Wunder, denn die einen wie die anderen waren eines Tages kühn genug zu glauben, ein von ihnen erdachter Satz könne so sehr zur Unterhaltung oder Erbauung taugen, dass er dringend nach Schriftform und gar Drucklegung verlange. Seit jenem Aufbruchsmoment mindert weder die Aufschüttung von Ruhm noch dessen Ausbleiben unser Bedürfnis, immerfort Kunde von unserem Vorhandensein zu geben.

Heusers Signatur

Selbst als John F. Kennedy längst in Arlington ruhte, beneidete der Erste Sprecher der Deutschen Spezialkunstschaffenden ihn noch um ein Gerät, das des Präsidenten Briefschaften an Wähler oder Autogrammsammler so gut wie authentisch unterschreiben konnte. Es war von Ingenieuren der Computerfrühzeit ersonnen worden und übertrug in Anwendung eines dem Lügendetektor entlehnten Kontaktsystems die Bewegungen der in derlei Postbelangen letztmalig selbst unterzeichnenden hohen Hand auf interne Speicher, vermittels derer ein Original-JFK-Füllhalter gesteuert wurde, dessen Schreibfeder bei justierter Schräglage und autoreguliertem Tintenstand vorausbestimmte Mengen Briefbögen mit Hochgeschwindigkeit signierte.

Während mehrerer Probeläufe hatten FBI-Graphologen versucht, die Nachahmungen vom Erstnamenszug und der Gründlichkeit halber auch voneinander zu unterscheiden. Vergebens, weil jedes maschinelle John F. Kennedy dem echtbürtigen weit mehr als ein Ei dem anderen glich. Bei einer raren Panne allerdings schrieb das unbeaufsichtigte Gerät über den Tod hinaus eintausend Mal den Namen des Ermordeten, wonach der Kuvertier-, Adressier- und Frankier-Komplex des Weißen Hauses die Post-mortem-Post prompt auf den Postweg brachte.

Das werde sich gut verkauft haben, sagte der Kunstschaffendenrepräsentant Jobst Heuser, den alle Welt für eine kurze Weile Jobheuser nennen sollte, zu seinem Assistenten. Noch im Jenseits im Dienst am Wähler, wem passiere das schon. Den Raritäten-Spekulanten jedoch dürfte das Geschäft vermasselt worden sein, da niemand sagen konnte, bei welchem Namenszug es sich um eine Geisterschrift handelte und welcher entstand, als das zugehörige Oberhaupt noch unter uns weilte. – Je nun, solche Sorgen wolle er haben, seufzte der Repräsentant und wandte sich statt fremdem Tode eigenem Leben zu, solche Sorgen und den Automaten dazu. Dank einer geringeren Bevölkerungszahl und seines womöglich geringeren Bekanntheitsgrades müsse er zwar weniger Grüße unterfertigen, jedoch komme, wer wisse das besser als sein Gehilfe, vor Festtagen und nach Auszeichnungen auch für den Ersten Sprecher der Spezialkunstschaffenden, dieser empfindsamen sozialen Gruppe, etliches zusammen.

Dem Assistenten galt die empfindsame Gruppe als eine Bande unverfrorener Egoisten, die höchstens bei gelegentlich gleichen Interessen vereint handelten. Erstaunlich fand er ihre Fertigkeit, sich als gemeinnützige Kulturschaffende darzustellen, obwohl sie bestenfalls ein Auftrieb von geschäftstüchtigen Neidhammeln waren. Eine Herde schwärzlicher Schafe, in der sich wenige weiße fast verloren. Nach seiner Ansicht hatte man es mit Existenz-Jongleuren und Zuschuss-Artisten zu tun. Mit Allzeit-Absahnern, Kuckucksgemütern und Herren wie Damen, die sich und einander, wenn es lohnte, nach allergeringsten Widerständen gegen dieses und jenes allerbeträchtlichste Widertaten nachsagten.

Einmal in Fahrt, lästerte der Adjutant über die Mitgliedschaft einstiger Operettensoubretten, die unterm Zwang ihrer wachsenden Ensemblophobie A-cappella-Soli riskierten. Auch höhnte er gewisse Leistungsturner im Ruhestand, welche gegen kleines Geld zunehmend riskante Riesenfelgen zeigten. Von fersenlahmen Stepptänzern stichelte er, denen die naheliegende Heimat durch den hergeholten Ethno-Aufputz schlug, und mündlichen Schnelldichtern sagte er nach, sie sähen in schriftlichen Poeten eine Schmutzkonkurrenz.

In seinen Augen waren die Spezialkunstschaffenden vor dem Regimewechsel von jeglicher Initiative und nach ihm von allen Innovationen unberührt geblieben. Zwar firmierten einige ehemals kommunale Naherholungsarchitekten nun als niedergelassene Erlebnisparkdesigner, und gewesene Agrokulturreferenten priesen sich als Animalpopmaster an, aber letztlich lief es auf die nämlichen Oldtimer-Verleiher wie auf die alten, nur neuerdings typenoffenen Leihredner hinaus, die in der geschlossenen Gesellschaft unter keinen der vorhandenen Hüte gepasst, jedoch nach höherem Urteil unter einen gehört hatten.

Als Heuser in Vollzug dieses Urteils und wegen seines biographischen Hintergrundes als zeitweiliger Bauchredner zum Ersten Sprecher der selbstständigen Zierglasbläser, Plattentellerbeschicker und ähnlicher Kulturbetreiber bestellt worden war und bei Gelegenheit des Kennedy-Attentats erfahren hatte, welche Insignien sich zu hohen Ämtern schickten, beauftragte er seinen Assistenten, wegen einer Signiermaschine bei der Verwaltungslogistik vorzusprechen. Dort hieß es, die Büroindustrie sei dem Problem wohl geistig gewachsen, technisch jedoch vorerst nicht. Er musste sich mit zwei Stempeln verschiedener Größe zufriedengeben, die nach den Angaben der staatseigenen Chodowiecki-Werke zu Namensabdrücken von Kupferstichschärfe taugen sollten.

In der für die Anfertigung der beiden Faksimiles benötigten Zeit hätten die Amerikaner vermutlich ein Aggregat entwickelt, das jedem Präsidentenautogramm ein passendes Präsidentenwort hinzufügen könnte, sagte Repräsentant Heuser, lobte den Mitarbeiter aber wegen der Erleichterung beim Umgang mit Jahreswechsel-Wünschen und Wettbewerbsermunterungen. Zudem überließ er seinem Getreuen, nachdem beide vom Sicherheitsbeauftragten des Herstellers in das Wesen der sensitiven Geräte eingewiesen worden waren, nicht nur deren geschützte Verwahrung, sondern auch den eigenständigen Umgang mit ihnen.

Der Petschaftexperte nutzte die Instruktionsstunde, um dem Repräsentanten und dessen Gehilfen einige Grundsätze zu vermitteln. Eher, sagte er, dürften hohe

Amtsinhaber in ihrer Eigenschaft als natürliche Personen in die Hand des Gegners fallen, als dass diesem ein Zugriff auf die Stempel erlaubt werde. Er führte Situationen an, die zum Missbrauch führen müssten, und trug die Ansicht vor, während ein lebender Leiter im Ernstfall immer noch leugnen oder widerrufen könne, sei gegen seine wie eigenhändig wirkende Unterschrift mit authentischer Tinte auf verbürgtem Papier kaum anzukommen.

Unwillig hörte Heuser die Warnung, wer nicht bedacht mit den hoheitlichen Schriftträgern umgehe, dürfe sich nicht beklagen, wenn er seinem Namen eines Tages unter Texten begegne, die seiner zur Signierzeit gültig gewesenen Gesinnung Hohn sprächen. – Hohn, sprach dazu der Erste Sprecher, verdienten einzig die Ingenieure einer Industrienation, die ihre Hoheitsträger zum Unterzeichnen per Faustkeil nötigten.

Diese Bitternis setzte seinen Assistenten in Gang. Den fernen Geburtstag des Chefs nutzend, steckte er sich hinter die Assistenten anderer Chefs und erreichte die verdeckte Fertigung eines aufheiternd gemeinten Präsents, das technologisch die ungefähre Mitte zwischen Faustkeil und JFK-Signierautomaten markierte. Zwar mussten einige Kurbeln, Schieber und Hebel von Hand betätigt werden, zwar wollten Briefpapier und Tinte von Hand aufgefüllt sein, zwar verlangten wechselnde Texte, Daten und Formate etliche Eingriffe von Hand, zwar wurde die nötige Energie mit Fuß und Pedal erzeugt, doch im Vergleich zum manuellen Stempelsetzen durfte das Gerät, das halb so groß wie ein älterer Kartoffelsortierer war, bei einigem Humor als Triumph der Mechanisierung gelten.

Über seine Betriebssicherheit hinaus, ließ das Werk überzeugend verlauten, genüge der Apparat weiteren Sicherheitsbedürfnissen, da er den Namen des Bevollmächtigten erst mit Graviernadelschärfe auf die abzuzeichnenden Schriftstücke setze, wenn einer der Handstempel unverrückbar in seine Halterung eingepasst sei. Was im Umkehrschluss die totale Unbrauchbarkeit, also Nichtmissbräuchlichkeit des intelligenten Großwerkzeugs bedeute, solange oder sobald ein Siegel fehle.

Zum Pläsier der Gäste erhob der Jubilar im Verlauf des ihm gewidmeten Festes einige Briefschaften mittels seiner maschinell vermittelten Unterschrift in den Stand ihrer Gültigkeit. Mehrfach sprach er mit Blick auf den Schriftstückstapel von Stapellauf und streichelte stolz die Maschine. So sehr hob sich sein seelisches Befinden, dass er entgegen allem Landesbrauch den Anteil Kennedys an der Innovation erwähnte. Wohl sei das neue Gerät dem alten insofern überlegen, als es sich bei menschlichem Versagen nicht einfach wie des Hexenmeisters Besen aufführen könne, aber ohne den vorbildlichen Automaten jenes auswärtigen Amtsträgers, sagte der inwärtige Amtsträger und kurbelte sein Kombinat mit Schwung auf höhere Touren, wäre er weiterhin zum Federkiel verdammt.

Weil der Assistent seinem Chef die Absicht von den Lippen las, den toten Milliardärssohn aus Boston über alles hinaus auch noch hochleben zu lassen, fiel er ihm ehrerbietig ins Wort und überlieferte den Gästen einen weiteren Kommentar, mit dem der Vorgesetzte seinerzeit die Nachricht von den nachgelassenen Präsidenten-Unterschriften versehen habe. Avanciertes Know-how bedürfe verschärfter Kontrollen, hatte er gesagt, und aller Übertechnik wohne die Gefahr des Overkills inne. Machten die Amis so weiter, sprengten sie sich eines Tages in die Luft. Hingegen sei, so schloss der Gehilfe seine Reminiszenz und kehrte zur Eigenrede zurück, die hybride Besiegelungskombine ein Erzeugnis ganz aus dem Geist des Ersten Sprechers, auf den man doch nun von Herzen trinken möge.

Dieser aber blieb mit seinem Gegentoast, der um das Verhältnis von Tod und Leben kreiste, ganz beim amerikanischen Thema. In seiner Hochstimmung griff er auf die von ihm selten erwähnte sprechartistische Fähigkeit seines Vorlebens zurück und brachte bei scheinbar unbewegten Lippen tief aus dem Bauche, wie es schien, das beliebte Kennedy-Wort »Ich bin ein Berliner« zum Vortrag.

Das, wohlgemerkt, zu dieser Stunde vornehmlich bei Westberlinern beliebte Wort. Und zwar so vornehmlich, dass Heusers Assistent sich nach der Feier nur ungern von höheren Ostberlinern würde fragen lassen wollen, warum er seinen Chef an diesem Abend derart Unmögliches habe sagen lassen. Grund genug für ihn, noch einmal in den Austausch einzugreifen und einen phonetischen Vergleich zwischen der Aussprache des Staatspräsidenten und der Bauchsprache des Kunstrepräsentanten anzustellen. Seiner Ansicht, der Amerikaner hätte entweder länger üben oder, besser noch, lieber schweigen sollen, stimmte man einhellig zu, und seine Bitte, der Erste Sprecher möge einmal erzählen, wie er in den Besitz der ventriloquistischen Zauberei gekommen sei, wurde entzückt unterstützt.

Er sei zu jener Zeit hinter dem Ural in Gefangenschaft gewesen und bildungsmäßig natürlich nicht in der Lage, in dem lateinstämmigen Wort »Ventriloquist« das Wort »Bauchredner« zu erkennen, berichtete Jobst Heuser. Selbst dann hätte er es nicht gekonnt, wenn ihm zum Lohne die Freiheit versprochen worden wäre. Sein Bauchreden habe mit einem Magenknurren angefangen, das seinem Pritschennachbarn wie die verpönte Klage »Ich bin hungrig« vorkommen wollte. Im unausbleiblichen Streit behauptete der Mitgefangene, bei einiger Energie und Intelligenz könne man viele Wörter mit unbewegten Lippen wie aus dem Bauch sprechen. Zwar beherrsche er persönlich diese Künste nicht, doch sei er ihrer Theorie in einem gelehrten Buch begegnet. Einiges habe er sich sehr wohl gemerkt.

Der sie umgebenden bewachten transuralen Ödnis hätten sie für Wochen entrinnen können, erzählte Heuser seinen Gästen, indem der Nebenmann die Theorie des Bauchredens rekapituliert und er sich dessen Praxis genähert habe. Ihre schließlich erlangte Kunstfertigkeit reichte zum Humorbeitrag auf der Lagerbühne, mit dem sein Kamerad, der gedächtnisstarke Theoretiker, er, der dilettierende Praktiker, sowie eine aus Strohsack gefertigte Puppe die ewigen Skatrunden nachäfften. Ihr Triumph sei in dem Auftrittsaugenblick absehbar gewesen, sagte der Repräsentant, da er, dem Anschein nach tief aus dem Bauch, in Wahrheit aus verengter Kehle, den Strohsack »Ich passe!« rufen ließ.

Ähnlich gelungen galt das Geburtstagsfest, als Heuser seiner Erzählung einen historischen Überblick folgen ließ, in dem er die spezielle Geschichte der ventriloquistischen Kunst vom niederländischen Entertainer Carrell zurück bis zum Propheten Jesaia spannte, antike Wahrsager und moderne Narren, die dank ihres mundwerklichen Vermögens in höchste Höflingsämter aufgestiegen waren, bei Namen nannte, mit Erläuterungen nicht sparte, in welchen der Eingang des Kehlkopfs, die Rücklage der Zunge und das Gaumensegel tongebende Rollen spielten und an dessen Ende er, den Vortrag zu krönen, entgegen seiner sonst geübten Zurückhaltung ein Repertoire präsentierte, das über »Ich passe!« und »Ich bin ein Berliner!« weit hinausging.

Den Riten der Wendevorzeit entsprechend wurde sein persönlicher Sekretär nachher von hellwachen Behördenvertretern gefragt, wie bitte schön sie die Ausführungen seines Chefs, ja dessen ganze Aufführung verstehen sollten. Zu schweigen von dem problematischen Ausdruck »transurale Ödnis« sowie dem undialektischen Umgang mit der befreienden Ost-Gefangenschaft einerseits und der Freiheitsbefangenheit des Westens andererseits müsse die Erkundigung erlaubt sein, ob man es hier mit abwegigem Humor zu tun habe, mit Spezialkunst eben. Oder lagen nicht vielmehr mit den Wörtern Narren, Propheten, Wahrsager und Höflinge lauter Zweideutigkeiten vor? Wenn nicht gar die Eindeutigkeiten bestimmter Kreise, sobald man bedachte, wie diese Kreise über die führenden Kreise dachten. Wer der Westspaßmacher Carrell war, wusste jeder, wer aber sollte der ebenfalls genannte Jesaja sein? Wozu das Getue mit Kennedy und seinem Radebrechen am Schöneberger Rathaus? Musste eine humanistische Gesellschaft, in deren Mittelpunkt der Mensch stand, beim Technikwettlauf unbedingt bis zu den entpersönlichenden Maschinen mittun? War es angebracht, im Zusammenhang mit Aktivität und Kreativität seinen hergeholten oder buchstäblich aus dem Bauch geholten Scherz mit einem Passwort des Passivismus zu treiben? Mit einem keineswegs orphischen Urwort der Verweigerung sogar? Schließlich bedeute Ich passe! so viel wie Ich mache nicht mit! Dürfe man für möglich halten, der fragwürdige Geburtstagsrummel mit seinem Bauchsprechschummel und dem das Neuererwesen verhohnepipelnden Signierapparat sei nichts weiter als ein aufwendiges Fingiermanöver gewesen und nur gedacht, ganz anderen Aktivitäten Vorschub zu leisten?

Der Assistent antwortete den herrischen Behördendienern entsprechend der Gesetzeslage und zeigte sich so entrüstet, wie es sich eben noch machen ließ, erwähnte jedoch gegenüber seinem Vorgesetzten die peinliche Einvernahme bis zum Wendegewoge nicht, sondern machte erst etwas von ihr her, als sich alle Ostwelt im Zuge der vereinnahmenden Umarmungen schätzen lassen musste und der Verband der Spezialkunstschaffenden seine Umwidmung zum eingetragenen Verein erfuhr.

Als Jobst Heusers vertrautester Mitarbeiter ließ der Gehilfe die Kommission im Verlauf von Evaluierung und Evangelisation etwas von der wo nicht widerständigen, so doch anständigen Persönlichkeit seines Chefs, des Repräsentanten, ahnen, indem er die, wie auch er jetzt meinte, ein wenig unheimliche, weil nur dem Anschein nach festliche Szene heraufbeschwor, in welcher der Erste Sprecher der Spezialkunstschaffenden, dieser, was man nie vergessen dürfe, empfindsam bürgerstolzen Gruppe, außerordentlich gewagte Vokabeln wie Narren, Propheten, Wahrsager und Höflinge unter den aufgestellten Ohren der Obrigkeit ausgesprochen habe. Nicht etwa verhohlen aus dem Bauch, was dem berühmten Ventriloquisten ohne weiteres möglich gewesen wäre, sondern in aller Offenheit aus offenem Munde.

Zuerst glaubte der Assistent, einen Fehler gemacht zu haben, als die Kommission befand, auch sein Chef habe persönlich vor ihr zu erscheinen. Doch dann fügte ihr Wortführer hinzu, man wolle weniger den bisherigen Herrn einer beliebigen Kulturkörperschaft in Augenschein nehmen als vielmehr den Beherrscher einer rar gewordenen Körperkunst in Ohrenschein. Schritt für Schritt, sagte er, rückten sie als Vorhut des Westens den Rätseln des Ostens zu Leibe; nun waren das Bauchreden und dessen letzter Repräsentant an der Reihe.

Der erzählte denen, die ihn, wie er noch meinte, bestaunen wollten, bevor sie ihn feuerten, dasselbe, was er einst denen erzählt hatte, die ihn bestaunten und feierten. Und wenn nicht dasselbe, so doch das Gleiche. Er ließ nur den Ural entlegener klingen, die Freiheit schmerzlicher fehlen und die Töpfe leerer sein. Zwar vermied er eine seelische Überhöhung des Vorgangs nicht, hielt sich aber, wo es passte, an den Sachverhalt. An jenes Missverständnis des Pritschennachbarn, das aber beim herrschenden Hunger verständlich gewesen war. An das notgeborene Ineinander von Theorie und Praxis, aus dem die Kunstleistung einer Vortäuschung sprang. An den unbelebten Strohsack als Andeutung des verbliebenen Nichts. An dieses Strohmannes als Skatwort verkleidetes Wort »Ich passe!«, in dem sich aussprach, was die Eingeschlossenen in Wahrheit dachten.

Weil der Repräsentant nichts als die Amtskette zu verlieren hatte, scheute er bei seinem auf Verlangen der Kommission gelieferten kurzen Abriss der Geschichte des Ventriloquismus keine Nähe zur Parodie, ließ zum Vergnügen der Prüfer wie zum Zeichen kultureller Gemeinsamkeit etliche Lachnummern des Spaßmachers und Bauchredners Carrell aufleben und erinnerte daran, dass beim Propheten Jesaja, dem Apokalyptiker und Stiftungsvater der Leibtönerei, je nach Bemessung seiner Urheberrechte am Alten Testament zwischen dem Ersten, dem Zweiten und dem Dritten Jesaja unterschieden werde.

Wozu Jobst Heuser des Weiteren einfiel, dass er im

Kreis der staatlichen Abgesandten, die damals zu seinem letzten runden und sozusagen ehemaligen Geburtstag oder Zwangswiegenfest erschienen waren, solche Bewertungen unmöglich habe aussprechen können. Die zuckten ja schon zusammen, wenn von Wahrsagern, Narren und Höflingen das Wort ging und fühlten sich ihrer Plangesichte wegen gemeint, sobald man Propheten und Verheißungen erwähnte. Und nun gar Apokalypse! Du lieber Himmel; die hörten bestenfalls bis Apo zu! Denen kam man, war Bauchreden das Thema, besser mit nichts als den technischen Parametern dieser Kunst. Unvergrübelt lauschten sie höchstens, wenn der Kehlkopfeingang, die Zunge und das Gaumensegel besprochen wurden. Mehr als vergrübelt aber reagierten sie, sobald man ihre Sendungsgewissheit störte und es, wie geschehen, wagte – angeregt durch das witzige Geburtstagsgeschenk, auf das ein bedachter Mitarbeiter nach einer unbedacht melancholischen Erwähnung von Kennedys Unterschriftsmaschine verfallen war –, in der Weise des Ventriloquisten, also scheinbar aus dem Bauch heraus, das zukunftsweisende Wort »Ich bin ein Berliner« zu zitieren.

Verständlich, dass die Evaluierer daraufhin den legendären Spruch aufgeführt und den legendären Apparat vorgeführt haben wollten. Begreiflich, dass sie erst Ruhe gaben, als Heusers Maschine mehrere Unterschriftsproben beigebracht hatte. Natürlich, dass vom Zusammenwachsen die Rede war, als der Kommissionsvorsitzende seinen, wie er betonte, Lieblingsstempel aus der Tasche zog und gegen das Siegel des Repräsentanten austauschen ließ. Jubel schließlich, als das östliche Gerät, so bestückt, unter einige Papiere das westliche Schmähwort »bullshit« setzte und der Mann aus dem Westen dem Mann aus dem Osten sein köstlich beschriftetes Petschaft schenkte.

Heuser bedankte sich, indem er auf Verlangen den deutschen Skatausdruck »Ich passe!« sowie das Schöneberger Deutsch des amerikanischen Präsidenten mehrmals hören ließ. Aus verstelltem Mund und zum Schein aus dem Bauch. Mit dem Ergebnis, dass die Empfehlung in das Befundpapier eingeschlossen wurde, der ehemalige Verband der Spezialkunstschaffenden möge so lange von seinem bisherigen Ersten Sprecher vertreten werden, bis vom Verband der Spezialkunstschaffenden e. V. ein anderer Repräsentant bestellt worden sei.

Das zog sich hin, weil die Ex-Soubretten, Wellness-Experten, Senioren-Begleiter, Junioren-Tutoren, Light'n-Sound-Installer, Lips'n Navel-Piercer, Image-Designer, Whereveryouwant-Tattooisten, Jetlag-Dimmer, Überlebens-Coaches, Adventure-Stylisten und ähnlich gearteten Spezialisten mit Jobst Heusers vermittelndem Wirken dermaßen hochzufrieden waren, dass sie ihn zärtlich Jobheuser nannten. – Was sich gründlich änderte, als eine transregionale Zeitung über die Helfershelferrolle der Kulturdienstleister im Kommandosystem berichtete und ein Grußschreiben des Verbandes der Ost-Spezialkunstschaffenden an die des Südjemens wiedergab, das laut Kommentar unzweifelhaft die Unterschrift des Immer-noch-Repräsentanten Heuser trug. Dessen Entgegnung, die Redaktion möge ihm und ihren Lesern wenigstens eine Zeile nennen, die er nicht hätte signieren dürfen, wurde unter Verweis auf Orwells sinnverkehrendes Neusprech abgedruckt. Danach aber hatten etliche Opfer des Kommandosystems, des allgemeinen wie Heusers speziellen, auf eine Weise das Wort, die dem Ersten Sprecher die Sprache verschlug.

Sein Assistent, der sich nach dem Versiegen der staatlichen Subsidien in das Marketing-Team eines euroweiten Magermilchverwerters eingebracht hatte, bat ihn schriftlich und respektvoll, jene erfinderischen Zwerge unter keinen Umständen, sei es nun aus Mund oder Bauch, ein Wort wie »Ich passe!« hören zu lassen. Auch riet er dem einstigen Chef, sehr gut auf die Namensstempel zu achten. Die zugehörige Signiermaschine nannte er mit ermutigend gemeinter Munterkeit ein technokulturelles Zeitzeugnis, das dank der schöpferischen Anwendung einiger Lehren aus dem JFK-Unterschriftsautomaten-Zwischenfall weder unbemannt noch über irgendwelche Tode hinaus irgendetwas unterschreiben beziehungsweise abstempeln werde.

Zuerst tat der Brief seinem Empfänger gut, doch bald tat er ihm nicht mehr so gut. Neben seinem indirekten Bescheid, also seien nicht alle Mitmenschen schlecht gewesen oder nunmehr schlecht, verneinte das Schreiben des Assistenten ein baldiges Ende der Schlechtigkeiten. Was für Zeiten, dachte Jobst Heuser, in denen man angehalten wurde, mehr denn je auf sein persönliches Zubehör zu achten! Was für ungekannte Bräuche: Kaum bekannte Nachbarn luden feierlich zur Weihe ihrer diebsabweisenden Haustür; von anderen Anwohnern hörte man neuerdings keinen Laut, außer einem neuen lauten Hund. Bei einfallender Dämmerung kamen die Kinder unter Verschluss, da es weniger die Aufbruchsstunde der Eule Minervas als vielmehr die Stunde ganz anderen Gelichters war. Vom Erwerb vernickelter Handschellen sah man nur ab, weil sich, wollte man derlei Schließzeug im Falle eines der kriminalstatistisch absehbaren Überfälle um Hände mit langen Fingern an Männern mit dicken Fäusten legen, der zusätzliche Ankauf von vernickeltem Schießzeug sowie ein kurzer Lehrgang zur Handhabung des einen wie des anderen Gegenstandes durchaus empfahl.

Die ganz unähnliche, weil friedliche und auf spöttische Weise nützlich gemeinte Besiegelungsmaschine des Spezialkunstschaffenden-Verbandes machte weiterhin von sich reden. Ein Journalist, der dem Vorleben des nunmehr eingetragenen Vereins investigativ nachgegangen war, hatte die Apparatur unter ausgemusterten Büromöbeln aufgespürt. Das Teufelsding hinterlasse, schrieb er, an jener Stelle, an der auf einem beliebigen Briefbogen eine Unterschrift erwartet werde, den ungehörigen englischen Ausdruck »bullshit«. Dieses Wort, ließ er seine Leser wissen, werde sogar vom unzimperlichen Cambridge-Wörterbuch als »leicht tabu« bezeichnet. Der angesehene Collins geniere sich weniger und übersetze »bullshit« ungeachtet der Tatsache, dass »bull« so viel wie (männl.) »Bulle« oder »Stier« bedeute, mit »Kuhscheiße«, »Bockmist« oder einfach »Scheiß«. Alternativ biete das berühmte Werk die Wendung »Quatsch mit Soße« an.

Das klinge spaßig, schrieb der Investigator, sei jedoch kein Spaß. Man möge sich nur in eines der in die Zwangsorganisation gepressten Mitglieder des ehemaligen Verbandes der Spezialkunstschaffenden hineinversetzen. In einen folkloristisch orientierten Kerzengießer etwa, um eines von ungezählten Beispielen zu nennen, der sich mit der Bitte um Zuteilung von Wachs an den sogenannten Repräsentanten Heuser gewandt und von diesem als Antwort nichts als »bullshit« gehört habe. Selbst dann kein Wort außer dem Unwort »bullshit«, nachdem er auf die infame Behandlung hin seine Ausreise in jenen Teil der Heimat beantragt habe, in dem noch Wachs und Honig flössen.

Dies sei kein bloß vermuteter Einzelfall, sondern vermutlich einer von unzähligen Fällen. Anders lasse sich die mit dem zynischen »bullshit«-Stempel bestückte Maschine nicht erklären, die ein zwar primitives, aber effektives Tool darstelle, das zu einer Massenfertigung, sprich: kaltherzigen Abfertigung der Mitglieder taugte. Eine komplizierte Konstruktion übrigens, in der sich der legendäre, aus Not geborene ostdeutsche Tüftlergeist und die in diesem Fall namenlos gebliebene Zwangstüftlerpersönlichkeit ein erschütterndes Denkmal setzten. Gegenwärtig werde das Instrument einschließlich seines Siegelkopfes einer Spezialprüfung unterzogen. Bei der gehe es um die Bestimmung des mutmaßlichen Stempeltintendurchflusses, des vermutbaren Abriebs des »Bullshit«-Stempelprofils und ähnlich nutzungsbezogener Werte. Die Behörden erhofften sich Aufschlüsse über die anzunehmende Anzahl der »bullshit«-Ausdrucke und damit über das Ausmaß der Unterdrückung durch den Repräsentanten Heuser.

Zu seiner Überraschung gelang es diesem nicht, auf den Bockmist mit dem einfachen Wort »bullshit« zu antworten. Schon gar nicht in der Weise der Ventriloquisten wollte es gehen. Vielmehr mussten Tinte, Feder und gediegenes Papier eingesetzt werden. Anstatt von seinen Gegnern Argumente anzufordern, trat er ihnen mit solchen entgegen. Obwohl er sich der Einfachheit des Einwands fast schämte, verwies er auf Datierungen. Erst während seiner Anhörung durch die Kommission sei der ihm nicht gehörende Stempel in den lustig gemeinten Halbautomaten eingesetzt worden. Zur Nachwendezeit wohlgemerkt, in der die von ihm kommissarisch repräsentierten folkloristischen Kerzengießer längst befreite freie folkloristische Kerzengießer gewesen seien. Spezialkunstschaffende mithin, die keiner Art Verbandsfürsprache benötigten, da sie seit dem Paradigmenwechsel in Wachs und Honig schwämmen.

Der Versuchung zur Ironie konnte er weniger als der zur Namensnennung widerstehen. Das eine wurde ihm verübelt, das andere nicht bemerkt. Von den Stempelspendern und Evaluisten hörte er kein Wort, dafür konnte er zahlreiche Bewertungen seiner Person in zahlreichen Zeitungen lesen. Buchstäblich keine griff die Datumsfrage auf, fast wörtlich wiederholte sich der Bescheid, es sei unverfroren, sich den Beschuldigungen nicht zu beugen. Zuerst die Kannegießer, Seifensieder und anderen Spezialkünstler blutig unterdrücken, dieselben dann verhöhnen und danach alles leugnen, das müsse unverschämt heißen.

Sein Assistent, sieh an, ließ sich noch einmal sehen. Das heißt, weniger sehen als hören. An einer finsteren Straßenecke tauchte er auf oder eben nicht auf. Öffentliche Kabel seien zu öffentlich, geschlossene Kuverts leicht zu öffnen. Seit Watergate in der Nähe von Arlington hingen in den Parkhäusern personenbezogene Bewegungsmelder und meldeten gewissen Bundesbehörden die Begegnungen bestimmter Personen. Im selben Maße, in dem es technisch möglich sei, über Gesichtszüge hinaus auch Charakterzüge in ein handelsübliches Garagensystem einzuscannen, verkümmere die Fähigkeit der Fahnder, mit den Basics ihres Faches umzugehen. Man dürfe nicht darauf vertrauen, dass sie den Unterschied zwischen handschriftlichen und faksimilierten Signaturen noch sähen. Die Leute seien dank des digitalen Krimskrams immer weniger in der Lage, den Umriss eines Hingemordeten mit properen Kreidestrichen aufs Tatortpflaster zu malen, geschweige denn zu sagen, was Kreide ihrer Natur nach sei.

Ehe der arme angegriffene Kerl ihm etwas zur Natur der Kreide offenbaren konnte, gelang es seinem einstigen Chef, ihn in den Umriss um die Heuser'schen Untaten zurückzuholen und zu fragen, aus welchem Grunde er sich trotz der digitalen Scanner und elektronischen Spanner eingefunden habe. Im Dunkel der Nacht und auf offener Straße. Hatte sich der Gehilfe des Ersten Sprechers der Jemenitischen Spezialkunstschaffenden bei ihm gemeldet oder was? Das nicht, sagte der Assistent, es gehe um seine Bereitschaft, wenn es zum Schwur komme, unter Eid auszusagen, es habe in ihrer Vereinigung zu keiner Zeit einen folkloristisch orientierten Kerzengießer gegeben. Wenn etwas bullshit sei, so werde er feierlich sagen, dann dieser Scheiß.

Weil die Nichtigkeit gegenüber dem Nichts, das er meistens zu hören bekam, von gewaltigem Ausmaß war, hätte Jobst Heuser seinen Gehilfen, der längst und hoffentlich noch lange sein Brot beim Verwerten von Magermilch verdiente, küssen mögen. Wegen möglicher Penner hinterm Scanner sowie nicht auszuschließender Infrarot-Teleskopisten unterließ er die Zärtlichkeit. Doch erwies er dem Tapferen die Ehre, ihn in der albernen Sache um Rat zu fragen.

Dem schien die nicht albern. Ähnlich ernst, aber anders als Deep Throat, der Woodward und Bernstein aufgefordert hatte, der Spur des Geldes zu folgen, riet der gewesene Helfer des so gut wie gewesenen Repräsentanten diesem, vor allem seine Namensstempel sorglichst zu hüten. Zwar wüssten sie beide, nie habe der Name Jobst Heusers unter aufwiegelnden Texten in der Art von Spezialkunstschaffende aller Länder, vereinigt euch! gestanden oder gar am Ende abschlägiger Bescheide an bedürftige Folkkerzenkünstler, doch sähen sie ja, was solches Wissen nütze. – Für ein, zwei Augenblicke ging der treue Helfer halblaut eine Reihe möglicher und unmöglicher Übersetzungen des wertenden Ausdrucks »bullshit« durch, dann tauchte er, auf immer, wie es scheinen wollte, aus dem nahen Dunkel in ein fernes Dunkel ab.

Gestärkt auf zerbrechliche Weise, nahm sein ehemaliger Chef sich vor, am kommenden Morgen nach den Stempeln, an diesem ertragreichen Abend aber ins diensttuende TV-Magazin zu sehen. Einer der Beiträge meinte ihn und seine Stellungnahme in Sachen Abstempelung der Spezialkünstler durch ihn. Die zuständige Bundesaufseherin wurde von einer dringlichen Befragerin gefragt, wie die Einlassung des Beschuldigten zu bewerten sei, es werde sich im Nachlass des von ihm über lange Zeit vertretenen Verbandes kein Stück Papier finden, das aus vorevalutionären Zeiten stamme und den, ob nun von Hand oder Maschine, aufgedruckten Ausdruck »bullshit« trage.

Angenehmen Äußeres und mit einer Stimme, in der nur noch verkratzte Spuren vom Streit um märkische Wäschetrockenkammern oder Hausflurfegezeiten zeugten, wies die Bundesfrau darauf hin, dass aus Fragestellungen wie dieser die Sinngebung ihrer Behörde erwachse. Kein Gedanke in ihrem Haus, vorm siebenundsechzigsten Lebensjahr bei der Umsetzung dieses Sinnes in Taten nachzulassen. Ginge es nach ihr, nicht einmal vorm siebenundsechzigsten Arbeitsjahr. Was den Einwand des keineswegs vorverurteilten ehemaligen sogenannten Repräsentanten angehe, sei er bezeichnend für einen bestimmten Tätertyp. Ganz nach der Methode von Professor Korff behaupteten diese Leute, was nicht gewesen sei, könne nicht gewesen sein. Der Nachweis, sehr wohl könne gewesen sein, was nicht gewesen sein solle, entspreche dem Sinnvorsatz ihrer Behörde, die mindestens bis 2067 mit diesem Nachweis zu tun haben werde. Allein die Entwicklung semantischer Methoden brauche ihre Zeit. Was sie geradezu zwinge, weit über 2067 hinauszudenken. Was aber im gegebenen Fall nicht nötig sei, da man über die nötigen Mittel bereits verfüge. Der täterischen Kernauffassung etwa, was nicht gewesen sei, könne nicht gewesen sein, müsse man mit einem angeblich und einem tatsächlich begegnen. Was bedeute, der Aussage, das, was nicht gewesen sei, könne nicht gewesen sein, lasse sich beikommen, wenn man sie zu der Aussage erweitere, was angeblich nicht gewesen sei, könne tatsächlich gewesen sein. An solchen Instrumenten arbeite ihre Behörde, sagte deren Vertreterin. Nach ihrer Schätzung werde das Haus gut und gern siebenundsechzig Jahre über 2067 hinaus damit beschäftigt sein. Um aber auf die Abstempelung durch Stempel und den Vorwand zurückzukommen, es habe sich kein Vorwendeschreiben mit der Vorwende-Unterschrift »bullshit« finden lassen, könne sie aus Erfahrung im Umgang mit Akten und Fakten nur erwidern, gerade dies sei der beste Beweis für deren ehemaliges Vorhandensein. Einfacher könne man es nicht sagen: Wenn Belastendes verschwunden sei, sei dessen Verschwundensein belastend.

Den Satz musste Heuser nicht mühsam erlernen. Er träumte ihn durch die ganze Nacht bei halbem Schlaf. Dem Übergang des Glaubenswortes der Behördlerin aus indirekter in direkte Rede wohnte er auf albische Weise bei. Im Beisein der Frau. Ihr Sinnspruch schien derart zwingend, dass er ihn wieder und wieder repetierte. Hochdeutsch zuerst, später auch bauchdeutsch. Eine Übung, bei der er dem Eingang seines Kehlkopfs, dem Rücklagevermögen seiner Zunge und der Festigkeit seines Gaumensegels alles abverlangte. Zwischen den Sätzen hatte er Gesichte: Kolonnen kettenklirrender Kerzenschneider trugen Tücher über den Schlossplatz, auf denen die Losung der Aktenpflegerin stand. In Arlington – wie kam er denn nach Arlington? – entfaltete Oswald das Fahnenpäckchen Kennedys, gab aller Welt den Spruch von Schwund und Last zu lesen und sagte, nicht er, sondern Heuser sei's gewesen. Eine Steinsetzerramme sollte er handhaben, die in ein Faksimile auslief, das die erhabenen Worte vom belastenden Verschwinden trug. Wenn er Unter den Linden das Pflaster mit der unbesieglichen Sentenz besiegle, winke ihm, hieß es verheißend, neben Litfaß, Brecht und Hegel ein Grab.

Grund genug, wach zu werden und seinen Stempeln ernstes Denken zu widmen. Er hatte sie ins Sparfach gegeben, aber wo würden sie landen, stürbe er? Über 2067 hinaus, so hieß es noch am Abend, würden sie zu behördlichen Vergleichen benötigt. Etwa für den

Fall, sein Name fände sich unter belastendem bullshit. Oder fände sich nicht. Wenn Belastendes verschwunden ist, ist sein Verschwundensein belastend! Jeden Postum-Missbrauch zu verhindern, musste er die Stempel vernichten. Andererseits konnte weder er noch sein Anhang ohne sie etwas beweisen oder etwas widerlegen, das im Zusammenhang mit ihnen stand. Unter den Augen eines Notars sollte er, fiel ihm ein, Mustersignaturen drucken, sie bei diesem deponieren und die ausgedienten Siegel unter dessen Augen vernichten. Oder sie immerdar bei sich zu tragen. Aber was würde nach seinem Tod mit ihnen? Wer fände ihn, wer fände sie? Was, wenn terroristisch orientierte Kerzenschneider sie an sich brächten? Um auf Kosten seiner Erben das begehrte Wachs, den knappen Honig einzuziehen. Nein, nein, er musste die Siegel verstecken. Besser noch die ganze Maschine. Aber schon die Stempel waren schwer versteckbar. Also galt es, die Namenszüge abzulösen, zu bergen und zu bewahren! Nur wo? In einem Schuh, im Hosenbund, hinterm Ohr, unter der Zahnbrücke? Verrückt, verrückt, er wurde, schien es, verrückt. Dann lieber sterben. Doch wie und wo? Und wo begraben werden? Fragte Jobst Heuser sich und seufzte hoch im Halse.

Bei Litfaß, Hegel, Seghers, Brecht und Ich-passe-Rau? Dort gruben sie einstigen Sprechern nicht die geringste Grube. So gab er bekannt, die Enge des Platzes vertrage er nicht. Eine Säule aber dürfe es sein. Eine vorfristige Stele, unter der sich, dies seine Hoffnung, die Stempel verscharren ließen. Zudem streute er über

Kanal- und Seilverbindungen, die Maschine tauge gleichermaßen als Symbol der Unterdrückung wie der Befreiung. Das reihte rasch Sponsor an Sponsor; binnen kürzester Frist lud das Historische Museum zur Weihe des Artefakts.

Führendes und fahrendes Volk fuhr im ehemaligen Zeughaus auf. Ihre Besten durften am Gestänge kurbeln. Jobst Heuser, der eingeschlichen war, hörte vielfach bullshit auf handgeschöpftes Bütten schlagen. Nebenleute erzählten später, es habe wer lauthals gerufen, stets hätte seine Feder ins Waffenverzeichnis gesollt. Es klang, schworen sie, nach einem tief entlegenen Russendichter, nach tiefer Vergangenheit und tief aus dem Bauch.

Ein Vorkommnis

Um der Stimmung zu entgehen, in die mich ein Doppel aus technischem und menschlichem Versagen zu drängen drohte – ich war mit dem Drucker nicht zurechtgekommen und las es als Demenzsignal –, wollte ich die Arbeit vorerst meiden. Wollte im Freien ein Buch lesen, das ich erworben hatte, weil es auf seiner ersten Seite über jemanden hieß, er sei »greener than Greenpeace«. Grüner als Greenpeace, so mag ich die Späße. Anders wird es auch dem Übersetzer nicht gegangen sein: Bei sparsamem Vokabelwechsel blieb ein weltbezogener Witz erhalten. Mit dem Wortspiel war die Figur für mich da, und meine Hoffnung ging, ähnlich werde es über 562 Romanseiten bleiben. So frohgemut, so anspruchslos fangen jetzt meine Leben an.

Im Schatten des Strohdachs ließ es sich aushalten, obwohl vom See her und durch die Bäume an seinem Rand nicht das geringste Lüftchen wehte. Ich fand erstaunlich, wie lange Gott den Atem anhalten kann, fragte mich aber, was denn nicht erstaunlich an dieser durablen Erfindung sei. – Weil Hitze und Müdigkeit selbst den unterhaltsamsten Roman besiegen, passte ich den Rücken vorsichtshalber fest ins Peddigrohr des Sommersessels und zog, ohne hinzusehen, ein Stühlchen heran, das seit langem zum Haushalt gehört und müden Beinen eine Stütze ist.

Anstatt auf der Lehne des Stuhls oder auf dessen Sitzfläche landeten meine suchenden Finger auf etwas unbekannt Unangenehmem, und Ungesehenes bezeugten mir meine Augen. Ein Lebewesen lag leblos auf dem Sperrholz und war mir, tot oder lebendig, gänzlich unvertraut. Gäbe es Kolibris in meinen Breiten – es gibt sie seit dreißig Millionen Jahren nicht mehr, weshalb man ein Fossil dieser Art, das sich überraschend bei Heidelberg fand, *Eurotrochilus inexpektibus* getauft hat –, gäbe es hierorts noch Kolibris, hätte ich in der Kreatur auf dem Schemel ein anthrazitfarbenes Exemplar davon vermutet. Gern sogar, weil Politisches mir in allen Zweigen wohnt und mein Nachschlagewerk einen Kolibri kennt, der *kubanische Bienenelfe* heißt. Er sei der einzige Vogel unterm Himmel, las ich, der rückwärtsfliegen kann. Was er können muss, weil er anders verhungerte. – Ach, Genossen, rief ich an dieser Stelle meinen karibischen Genossen zu, von der *kubanischen Bienenelfe* sollt ihr siegen lernen!

Und hole mich nun an den See in Mecklenburg-Strelitz zurück. Zu der Ziegelfläche vor meiner Hütte und einem Stuhl, auf dem etwas liegt, das kein Kolibri, sondern eine unerwartet kleine Fledermaus ist. Eine Zwergfledermaus vermutlich, die lateinisch, ich habe es nachgeschlagen, *Pipistrellus pipistrellus* heißt. Worin ein unmöglicher Anklang zu *Pippi Langstrumpf* steckt. Oder handelt es sich um eine Mückenfledermaus, lat. *Pipistrellus pygmaeus*? Oder um ein Jungtier dieser oder jener Familie? Ein Minitier ist es jedenfalls. Ein *Pipistrellus strelitzius* vielleicht, dem anstelle eines Federkleides ein fedriges Fell gewachsen ist. Dazu ein Schnabel, der winzig und gemein aussieht. Und Flügel, deren technisch ausgefuchste Faltung mir bekannt vorkommt. Nein, die ich kenne. Von Batman kenne ich die.

Klein-Batman ist mir zugeflogen. Ist, ob nun vorwärts oder rückwärts, ob nach Hitzschlag oder Einschlag einer Schreckensmeldung aus der Kanzlerinnenkammer, schräg vom Strohdach gerutscht und senkrecht auf meinen Hilfsstuhl gefallen.

Da liegt das weniger als jungmausgroße sogenannte *Mausohr* und macht nicht piep. Tonlos und allem mir bekannten Tiermaß fern, liegt es auf dem Stühlchen. Größer als die allergrößte Hornisse, mit der ich, der ich keineswegs grüner als Greenpeace bin, im Dorfe P. feindseligen Umgang hatte. Viel kleiner als die kleinste Zwergmeise, aber mit Flünken, hochdeutsch Flügeln, ausgestattet wie die Meise. Etwas ausladender als eine ägyptische Heuschrecke, denke ich, und ebenso hässlich wie diese fresssüchtigen Hüpfer. Vielleicht hat der ungebetene Gast die Spannweite jenes Großschmetterlings, der letzte Nacht, ebenfalls ungebeten, denke ich immer noch etwas verbittert, sehr störend, ja verstörend gar in meine Schlafkammer kam, aber im Augenblick ist er nichts als ein lebloses dunkelfarbenes Bündelchen. Eines mit Krallen.

So wenig feststeht, welch Wesen dieses Wesen ist, so steht doch fest, auf meinem Schemel ist es nicht am Platze. Unschlüssig, ob ich Batmans kleine Schwester beerdigen oder einem Institut einschicken soll, schütte ich ihren verirrten Rest mit Schwung ins Gras. Tagsüber kommen hier Katzen vorbei; nachts rüsselt ein Wildschwein hinterm Haus. Oder die Ameisen beginnen einen heroisch langen Marsch zum nährenden Kadaver, der, vom Himmel gesandt, aufragt aus der Ebene.

Rascher als ich in dieser Stunde am See von P. ist, denke ich, selten einer von der Natur in die Kultur gesprungen. Vom Blick auf den flederigen Rest zum Blick zurück ins flotte Buch, in dessen erstem Satz die *New York Times* angemessen umwegig gerühmt wird. In einen Roman, der über alles hinaus auch noch *Freedom*, also *Freiheit* heißt. Nur kam ich zwar vom ersten in den zweiten Absatz, aber nicht mehr in den dritten hinüber. Weil sich dort im Gras, wo die eben vom Stuhl geschüttete abgelebte Kleinstfledermaus lag, etwas rührte, das kein Zeichen von Abgelebtheit war. Zuerst wurde der eine ausgepichte Batmanflügel von Hand bis Fuß ausgefahren, dann der andere, und gleich darauf bahnte sich ein Auftakt zum Tanz der Vampire an.

Ich gestehe, nicht gewusst zu haben was tun. In einem anderen Jahrtausend war mir zwar eine Möwe begegnet, die im Eise ähnlich erschreckend wie jetzt das Mäuschen mit den Flügeln schlug, doch gab diese Erfahrung für den Umgang mit *Pipistrellus pipistrellus* wenig her. Was jedoch meine Erinnerung an den Schwaps branntweinverschnittenen Wassers nicht ausschloss, mit dem ich damals den geretteten Flieger für seinen Flug in die Freiheit zu stärken vermochte. Nur zählte das jetzt gestrandete Flügelwesen trotz seines finsteren Aussehens nicht zu den Vögeln oder gar Raubvögeln, sondern hatte als gesitteter Säuger zu gelten, dem man wahrscheinlich, wer wusste schon Genaues, mit Rauschmitteln besser vom vorzeitlichen Leibe blieb. Wasser hingegen, das ein Element war, dem er, ich und alle anderen unsere Herkunft verdanken, konnte ihm keinesfalls schaden.

Keinesfalls? Ich wusste es nicht. Man liest so viel, doch vom Nötigen liest man nicht genug. Um aber das eher mücken- als elefantengroße Fledermäuschen, zu dem der Hollywood-Name *E. T.* halbwegs passen wollte, selbst zwischen reinem Wasser und keinem Wasser entscheiden zu lassen, war ich weder grün noch liberal genug. Da es kein mir bekanntes linkes Wort in der Sache gab, blieb nur eine halblinke Tat. So feinfühlig es eben ging, bugsierte ich das leise zappelnde Lebewesen auf die Handeule sprich Müllschippe, legte diese schräg ins Gras am Terrassenrand, goss Wasser in die Schaufelecke, die dem Havaristen am nächsten war, und ließ es dessen Sache sein, sich auf seinen Zustand und auf das Nass in seiner Nähe einen Reim zu machen.

Wieder den Rücken im großen Stuhl, wieder die Füße auf dem kleinen, wieder den Kopf im dicken Buch, wieder den Blick mitten im romangewordenen Minnesota-Menschen-und-Umwelt-Dasein; da mochte die Kreatur von nebenan oder von außen und oben her gefälligst nach sich selbsten sehn.

Tat sie auch. Scherte sich nicht ums Wasser, um Literatur oder das Leben anderer, zeigte ihr eigenes an, reckte die vertrackten Drachenflügel, tat einen ungelenken Sprung von der Haushaltsschaufel dem Hause zu, wiederholte das Manöver eins ums andere Mal und lag endlich still auf dem borstigen Fußabtreter vorm Eingang in meine Hütte. Ob nur ermattet oder mit der naturwüchsigen Unterlage zufrieden, konnte ich dem Hänfling auf handgeflochtenem Bast nicht ansehen, war aber froh, beim Besenbinder auf dem Markt keine Matte mit dem eingearbeiteten Grußwort *Salve!* erworben zu haben. Denn ob mein Pipistrellus pygmaeus nun ermattet vom Dach gefallen oder wie E. T. auf dem falschen Stern gelandet war, von *Grüß dich!* konnte meinerseits nicht die Rede sein.

Wenn schon eingewebt, hätte *Scher dich!* oder *Hau ab!* meiner Einstellung eher entsprochen, doch galt das wahrscheinlich als unkorrekt. Da spielte es schon keine Rolle, ob Pipus, das Findelwesen, überhaupt lesen konnte; eine Rolle spielte nur, dass es mir vor der Schwelle ungelegen kam. Ich nahm das Flechtwerk, auf dem sich die zahnschnäbelige, spitzkrallige, cabrioflügelige Flugmaus wie zu längerem Verbleib hingelagert hatte, hielt den Sohlenreiniger wie man ein Kuchenblech mit Backzeug hält, das man wegen Ungeratenheit der Vogelwelt zuwenden möchte, und ermaß eine Kurve, die erdkrümmungsnah genug sein mochte, um die besuchsweise Findelmaus unverwundet im Gras landen zu lassen. Doch kaum schien die nötige Neigung erreicht, spreizte das liliputanische

Flugtier jäh seine verteufelt pfiffigen Schwingen und flog mir von der Schippe.

Wobei sein Abgang längst nicht das Ende der Vorstellung war und ich nicht deren einziger Besucher. Außer meinen sind andere Augen der flatterhaften Bahn gefolgt, auf der sich mein zeitweiliger Gast wie ein windgebeutelter Doppeldecker den Bäumen am Seerand näherte. Während ich nicht wusste, ob seine weniger batmanartigen als butterflyhaften Bewegungen nur von geschwundenen Kräften zeugten oder von seinem Willen, einem lauernden Jäger kein festes Ziel zu bieten, zeigte sich eben der in der Lage, aus Größe und Geschwindigkeit des zappelnden Flugobjekts auf dessen Essbarkeit zu schließen. Auf seine Fressbarkeit natürlich. Auf Erlangbarkeit vor allem.

Wenn man von Fledermäusen spricht, ist gleich vom Radar die Rede, mit dem sie bestückt sein sollen. Zu der Frage, ob dies Ortungssystem auch zur Grundausstattung der gemeinen Elster gehört, las ich nichts, halte es aber für gegeben, seit ich sah, was vor meinen nun doch sehr grünen Augen mit dem Flugobjekt E. T. Pipistrellus geschah. Beinahe torkelig, als habe allein schon die bloße Erwägung stärkender Getränke seine Flugtüchtigkeit beeinträchtigt, schwankte es der Eiche zu, die im Verein mit Erlen und Weiden den Baumbestand am Seeufer bildet. Strebte zwar ersichtlich, machte jedoch tödlich wenig Progress.

Tödlich war ihm die Elster. Sie muss meinen Maßnahmen zugunsten des Flatterhäuters aus einem Wipfel zwischen See und Haus zugesehen haben. Und hat sich vermutlich eins gelacht, als sie mich mit dem Fledermäuschen und mit Wasser und Schaufel hantieren sah. Hat wohl im Vorgenuss geschmatzt, als Jung Fledderhand und ich, sie auf meiner Matte, ich am Terrassenrand, zum Trägerstart rüsteten. Hat dem Flugversuch der Fledermaus, die ihrer Umrisse wegen Fledermausi hätte heißen sollen, mit ähnlichem Behagen beigewohnt, wie ich es von Wiederholung zu Wiederholung mit dem Flug der Phönix im Lichtspiel der Herren James Stewart und Hardy Krüger halte. Hat sich bestimmt, wenn auch nur innerlich, gekugelt bei Pipis verwackeltem Tontaubenkurs, hat dessen jähe Zuckungen zu einer Linie ausgezogen, hat diese dem Rechner eingegeben und sich abgefeuert wie eine Kugel. Als gehe es darum, mir, der oft zeitsparende Umwege sucht, wieder einmal vor Augen zu führen, dass gerade Wege doch die kürzeren sind.

Sowenig der grässlich kurze Flug des geflederten Phönix mich hindern wird, auch forthin günstige Landwege nach Indien oder schnellere Routen von meinem P. nach Barlachs Güstrow zu suchen, so sehr besorgte er doch, dass ich seither in jeder gewöhnlichen Elster eine ganz gemeine sehe. Und mich als einen, der es an Umsicht fehlen ließ, als es darauf angekommen wäre. Wieder einmal. Dabei hätte es des Todes der minderjährigen Flattermaus gar nicht bedurft, um mich am grellen Tag in düstere Laune zu versetzen. Das hatte in der Nacht ein anderes fliegendes Wesen und ein Anflug von Sterben bereits gründlich zuwege gebracht.

kleines fragment zur kritik der arbeitstherapie

aufmerken hätte ich sollen, als doktor alberich mir so großen spaß versprach, der sich einstellen würde im augenblick, wo ich mich in knöchellanger anstaltsschürze gewahrte.

fortspringen hätte ich gesollt, als chefarzt krug mir fröhlich fröhliches milieu ankündigte, mir die möglichkeit eindringender studien verhieß und dabei aussah wie eine blutsverwandte von friedrich dem großen.

aber ich habe mich auch nicht von der innigkeit im blicktausch der beiden professoren warnen lassen und wusste doch, dass sie einander berufsverbot erteilt hätten, wenn es nur gegangen wäre, begründung zweimal: kein blasser dunst vom fache.

nicht einmal das grinsen der jungchirurgen und des einen eben noch abgefangener ansatz, mir erheitert auf die frischvernähten rippen zu schlagen, haben mir zum argwohn verholfen, mit dem ich mich vorm ärgsten hätte bewahren können.

das ärgste hat, dies doch zu meiner entlastung, einen nicht verfänglichen namen, gebildet aus zwei begriffen, von denen ich viel zu halten weiß, arbeit heißt der eine und therapie der andere dazu, und mit hilfe vom fugen-s, dem in unserer muttersprache allgegenwärtigen wortebinder, haben sie sich zu arbeitstherapie vereinigt, einer bezeichnung, die produktivität und gesundheit zu verheißen scheint.

auf die bin ich aus seit langem, auf beide, denn an beiden mangelt es mir infolge eines vorgangs, der auch die hauptabteilung verkehrspolizei einmal beschäftigt hat.

ich also hin zur arbeitstherapie, und ich sage vorab an dieser stelle: dort sieht mich keiner wieder.

auch frau graupner nicht, obwohl ich frau graupner ganz gern einmal wiedersähe, bedingung nur, sie hätte die profession zu wechseln und wo doch nicht gleich die ganze profession, so aber den ort von deren verübung.

denn eine arbeitstherapeutin kommt mir nicht ins haus, und ich komm nicht zu der; zu schrecklich sind die gesichte, die an beliebiger wand mir erscheinen auf die bloße berufsbezeichnung hin.

ein vulkan speit sofakissen, solche in bauernblau und welche in kardinalischer röte und ockerfarbene auch, und wie sie verschieden koloriert sind, so sind sie von gleicher struktur, aus grobem faden in straffer verstrickung, zu härte gestopft, als quader geeignet für eine wand aus kissen, bauernblaue, kardinalsrote und ockerfarbene wand, gedacht, mich vom leben abzusperren, und aufgerichtet von einundvierzig arbeitstherapeutinnen, die sämtlich von schrecklicher nachsicht sind.

oder, anderes drohbild, man hat mich auf den markt geschickt, achthundert irdene satten zu verhökern, die ihrer mängel wegen niemand kaufen will, und ich, denn so verlangt es die mir verordnete arbeitstherapie, stehe und beschönige das unterklassige gelumpe, preise eine beule als den austrieb einer kunstidee und interpretiere die dellen als marken des protests gegen das regime der formalien.

oder, tiefstes schreckensloch, ich flechte körbe.

Ein strenges Spiel

Weil es zwar sein muss, aber nicht sang- und klanglos gehen soll, gebe ich es lauthals bekannt: Ich gehe. Nicht aus dem Leben, jedenfalls nicht mit meinem Zutun, aber aus der Schreiberei. Wenngleich ich keinesfalls glaube, dass man aufhören soll, wenn es am schönsten ist – wo kämen wir da hin! –, höre ich mit einer Geschichte auf, mit der ich rundum zufrieden bin. Meinen Freunden sage ich Dank, meinen Feinden auch. Ohne diese wüsste ich gar nicht genau, was ich an jenen hatte. Beide finden mich bei Bedarf noch lange, wie ich denke, in jeder gut sortierten Bibliothek.

Herzlich im September 2014

Hermann Kant

Und dabei hätte ich schon so schön tot sein können. Doch halten sich alle meine Freunde an den Eid des Hippokrates, ohne ihn alle geleistet zu haben. Sage ich, lasst mich in Ruhe, geben sie keinen Frieden. So kam es zu dem, was zu bereden ist und was ich vermeiden wollte. Zu einem Ereignisknäuel und geringen Aussichten.

Um aus unordentlichem Geschehen eine Geschichte zu machen, muss man, auch wenn es nur ein Erlebnisbericht sein soll, ordentlich erzählen. Mit Beginn und Ende. Ob ich an einen properen Schluss komme, wer weiß das schon; dass es mehrere Auftakte und etliche Querverläufe gibt, ist gewiss. Von den Anfängen wähle ich den aufdringlichsten und falle mir, wo nötig, als Anwalt der Leser belehrend ins Wort.

Wenn du tief in der Nacht im Bett liegst, und zwar allein, und sicher bist, Tor und Tür sind verschlossen, dann weißt du, zur Zeit hat unter deinem Dach keiner was zu suchen, und du schläfst einen – im verhandelten Fall fiebrigen – Schlaf der Gerechten. Ist aber, wie du temperiert oder nur schlafversunken meinst, doch einer da oder sind es gleich mehrere, schreien sie deinen Namen und geben an, die Polizei zu sein, wobei sie dir mit Scheinwerfern ins Angesicht leuchten, dann steht dir ein Erschrecken zu. Darüber hinaus eine Wut, in der du aus gutem Grunde denkst, fürs Parkzettelinkasso sei das Gewaltmonopol des Staates nicht gedacht.

Bei derartigen Vorkommnissen, so sagte nachher eine Ärztin, seien manche schon tot umgefallen. Aber ich lag ja bereits und bin auch anders verdrahtet. Bei mir drängelt sich Ungehaltenheit stets vors Entsetzen. Schon gar, wenn ich von sturzregennassen Männern aus einem argen Traum gestoßen worden bin, in dem es um Parkordnungswidrigkeiten ging. In solchen Momenten trifft es sich, dass wir zwar einen wild gewordenen, aber keinen Wilden Westen haben, in dem man auf unerwünschte Besucher schießen darf. Gälte das heute und wäre ich bewaffnet; nein, lieber nicht.

Wobei mir, so geht das hier, völlig unangemessen die Szene aus *Weites Land* einfällt, in der Gregory Peck seinen Rivalen Charlton Heston zum Faustkampf aus dem Schlaf holt. In makellos weißen langen Unterhosen ist Heston in seine krachenden Jeans gefahren, so dass es einen Ausschlag auf dem Nationalen Herrenunterwäschemarkt gemacht haben muss, und geprügelt haben sie sich auf höchstem kämpferischem Niveau. Sagte ich schon – auch so geht das hier –, dass ich Herrn Peck im Kreml getroffen habe? Hört sich wild an, ist aber wahr wie alles, was sich hier wild anhört.

Vor allem der Bescheid, es hätten sich zur Mitternacht lärmende Unbekannte in meiner Stube eingefunden und in Lichtgewittern mit Donnerstimmen behauptet, sie seien die Polizei. Von einem Parkvergehen sprachen sie nicht. An das dachte ich in Fortsetzung meines Traumes. Wohl, weil ich sonst keinen Grund wusste für den späten Hausfriedensbruch. Den Zettel hatte ich mir in Berlin eingehandelt. An der östlichen Begrenzung vom Friedhof Friedrichsfelde. Seit der letzten der letzthin überhandnehmenden Beerdigungen hatten sie dort Parknischen eingezogen und die von mir übersehenen Gebührensäulen aufgestellt.

Obwohl kaputt seit Tagen, war ich zum Abschied von Helga K.-E. gefahren und hatte verstört den geschichtshaltigen Platz ihrer Urne wahrgenommen. Die *Wege-übers-Land*-Dramaturgin und Witwe des

Auschwitz-Überlebenden Peter Edel zwischen dem Dachau-Häftling Georg Klaus, der es hernach der Kybernetik wegen mit dem ganzen sozialistischen Lager aufgenommen hat, und Otto Braun, dem Militärberater von Mao und Prestes, der ein Gefährte Olga Benarios und zeitweilig Sekretär des Deutschen Schriftstellerverbandes gewesen ist. – Ich stand benommen im ausgreifenden Stelenfeld aus Wege-durch-die-Welt-Namen und konnte mich der wilden wahren Romane kaum erwehren.

Drei Krumen in die frische Grube und – ach, diese Gelegenheiten zum Gruß für einstige Verwandte – auf dem Weg über den Friedhof zurück drei Steine an die Grabtafeln der Meyers, auf denen die Sterbeorte Auschwitz, Theresienstadt, Treblinka und Majdanek stehen, dann fuhr ich wieder in meine Höhle. In der mich fünf üble Tage später der Parkzettel ereilte. Und fünf noch üblere weiter das Geschrei der Polizei.

Aber auch die Rufe meines Freundes Reiner. Das ist ein Arzt aus dem Märchenbuch. Der hat mir an einem entlegenen Nikolaustag ein endloses Ende Dünndarm vernäht und mich am inneren Versickern gehindert. Nun aber, achtunddreißig Jahre später, hatte ihm jemand gesteckt, ich liege hinfällig in meinem abgelegenen Quartier. Dem ging es um mich und seine Nähterei. Und koste es zwei Stunden Fahrt bei nächtlichem Wolkenbruch. Nur war mein Tor zu und das Haus verschlossen. Da ist Dr. M., 80, im dunklen Nass über das eine gestiegen und hat zu dem anderen vergeblich Zugang gesucht. Blieb der Polizeiruf. Die kamen sogleich und brachten den Rettungsdienst mit. Der zerschnitt die Torkette – das sei schnippschnapp gegangen, sagt Reiner – und zeigten meiner Haustür die starke Schulter. Dann rein mit mir in den Bademantel und in die peinlich abgelatschten Latschen und ab mit mir ins Krankenhaus.

Von dem handelt diese Geschichte nur, wenn ich nicht aufpasse oder soweit es wirklich nötig ist. Wir alle haben *Emergency Room* gesehen. Bei meiner Aufnahme ging es stiller zu, und George Clooney ließ sich nicht blicken. Vorher hatte das Geschehen viel vom Hochwasserdrama *Hard Rain*; als dessen Hauptfigur man meinen Dr. M. anstelle Morgan Freemans denken muss. Mir dagegen kann man in dem Melodram, das ich hier in Worten aufführe, in wechselnden Parts begegnen. Eben der entrüstete Strafzettelempfänger, war ich gleich darauf oder im nächsten Augenblick oder im selben – ich weiß nichts von der Zeitwirtschaft im Fieberzustand – meinem Vermuten nach ein Baader-Meinhof-Mensch, hatte nicht einmal wie Baader bei seiner Verhaftung eine Badehose an und spürte im kriminalamtlichen Zugriff die Verlässlichkeit von Gottes Mühlen.

Der Vorgang war abwegig genug, Abwegiges zu denken. Schon gar, da ich mich überwältigt sah und Hippokrates noch nicht auf der Rechnung hatte. Die holten mich – zur kalten Unzeit, verflucht noch mal –, weil ich einmal den Schüler Jan Carl Raspe kannte. In Rothenburg an der Fulda habe ich ihm mein Auftaktbändchen, das *Ein bisschen Südsee* hieß, signiert und dabei vermutlich – anders erklärte sich der Aufmarsch fünfzig Jahre später nicht – Terroristisches eingeflüstert.

Das hat ja was gedauert, werde ich im Griff der Zugreifer gedacht haben, denn immerhin war Raspe schon seit Jahren einer der Stammheim-Toten. Nun ja, auch Rasterfahndung braucht gut Weile und Raspefahndung, in der sich K. verfangen soll, schon gar. Ich war nicht empört, als ich meinte, sie rissen mich der criminal connection wegen aus dem überwärmten Bett. Besorgt schon, denn von Verwechselungen hat man gehört. Weshalb ich, in solch lichten Momenten bin ich gut, die Zugriff- oder Hilfepolizisten bat, mir Ausweis und Chipkarte in den Bademantel zu tun. Oder sagte ich Baadermantel? Wohl nicht, denn die Haltekraft der Greiferhände an meinen Armen nahm nicht zu. Andererseits waren die Männer geschult, nach einem Notruf schützend zur Stelle zu sein, doch kaum in der Kunst, verräterische Versprecher auszumachen. Kam es hoch, las ich mich bei ihnen als einsatzveranlassende Person, die anfangs fluchte, dann um ihre Identitätspapiere bat und streckenweise von Sinnen schien, da sie sich für einen gewissen Badenser hielt.

Von Sinnen? Außer mir war ich. Außer mir mit so vielen Unbekannten an meiner Bettstatt. Auch als ich auf einigen der triefenden Jacken nicht das Wort »Polizei«, sondern das Wort »Rettungsdienst« las, beschwichtigte mich das nicht. Mich hatte keiner zu retten.

Wie es aussah, waren der langen Schriftzüge wegen Spezialkräfte nach Kerlen mit breiten Rücken ausgeschwärmt und hatten sie gefunden. Was jedoch es ermöglicht, in meinem kleinen Kopf zur gleichen Zeit ebenso viele wie ungleichwertige Vorstellungen stattfinden zu lassen, ahne ich nicht. Vielleicht sind wir nicht verdrahtet, sondern glasfaservernetzt. Dann geht viel Post synchron. Ob so oder so – als man mich retten kam, teilten sich mehrere Gesichte die Kabel: Reiner M. als pitschnasser Rädelsführer. Das Urnendreieck im Stelenmeer von Friedrichsfelde. Morgan Freeman, Gorbatschow und ich am Roten Platz. Dazu hundert ausgreifende Retterwesten, auf denen in kyrillischer Schrift »Ruhm und Ehre den heldenhaften Verteidigern von Sewastopol« geschrieben stand.

Die Gleichzeitigkeit des Ungleichen, die Eintracht des Unvereinbaren, die Ferne vom Naheliegenden machen mir, wo ich sie jetzt gewahre, zu schaffen. Dass ich Helferrücken lesen und Reiner M. erkennen konnte, aber »Baadermantel« und »Raspefahndung« dachte, anstatt Hilfe! und Was wollt ihr von mir? zu schreien – wie ging das zu?

Wodurch es zur Dingfestnahme gekommen ist, weiß ich inzwischen. Dr. Linde S., die Bücher über Dalí, Kahlo, Nin und andere geschrieben hat und jetzt – logo, ganz meine Liga – eins über mich versucht, hatte mich am Telefon gedrängt, den Arzt und Freund M. um Rat anzugehen. Aus mitfühlender Umsicht, aber auch, weil ich unter den von ihr nachgezeichneten Menschen der einzige noch auskunftsfähige bin – und nicht zu vergessen wegen Hippokrates –, hat sie dann lieber gleich selber angerufen. Da sich aber bei

Dr. M. das Wort Rat auf das Wort Tat nicht nur reimt, kam zustande, was ich vermeiden wollte.

Nicht nach selbstmörderischem Plan umging ich die Mediziner, sondern aus Furcht vor dem auch fünfundachtzigjährige Leben verlängernden Institut, das Krankenhaus heißt. Es ist dies eine Anstalt, in der nicht nur einer wie ich allein sein will mit seinem Gestöhn. Und verschont mit dem der anderen. Zu meiner Kindheit gehört eine Schlafstube für sechs verwandte Benutzer. Zu meiner Jugend zählen Krankenhäuser und Lazarette mit kriegsbedingten Belegungsquoten. In Gefängnis und Lager teilte ich die vereiterte Luft mit zu vielen Blessierten. Übergenau weiß ich, was sich der sterbende Mitmensch von der Seele redet. Zum Beispiel, wie viel Zukunft sich aus der Färbung seines Abwassers ersehen lässt. Oder worin sich seine erste Großmagd grundsätzlich von der späteren unterschied. Oder was er glaubt, woran es ihm fehlt, und wovon er weiß, er hat es nicht.

Wohl kostet es erheblich, allein zu sein; doch habe ich nie vernünftiger eingekauft. Ich preise mich selig, so solo. Da muss ich nicht hören und muss nicht reden. Keine An-alle-Mitpatienten-Verlautbarung, in welcher zentrale Venenkatheter vorkommen. Oder der Schlauch in deinem Schlund, durch den sie die Ultraschallsonde so nahe wie möglich an jene deiner künstlichen Herzklappen führen, die von einem Virus befallen ist. Was wohl der Grund für meinen Verfall war. Grund vor allem für den Vorfall in meiner Hütte. Grund für das nächtlich-nasse Hürdenklettern des

Dr. M. Für den Aufmarsch und Einmarsch der Vereinigten Ordnungskräfte. Für deren Abmarsch mit mir. Grund letztlich für diesen Bericht.

Halt, halt, zurück! Die Viren müssen schon länger am schlimmen Werk gewesen sein, denn seit langem ging es mir schlecht und schlechter. Was Wunder, wo *Virus* nichts als *Gift* bedeutet. Doch glaubte ich mich nur am Alter erkrankt und versuchte, mich nicht vom niedergelassenen Arzt zur organisierten Ärztevereinigung einweisen zu lassen. Daraus wurde nichts, weil die Verfasserin S. mein Leben nicht nur aufschreiben, sondern auch fortschreiben wollte. Gut gemeint, nicht gut gemacht. Sie und andere haben mich in die Spitalsmaschine verbracht. Ein allerhöchstes Rot-Kreuz-Verdienst, das ich gerührt und ergrimmt quittiere.

Mit Fleiß, ja forciertem Vorsatz wende ich mich möglichst wenig den Umständen meiner Internierung zu, umso mehr dem Aufwand, mit dem sie begann. Anstatt bestürzt Befunde zu bedenken und Befindlichkeiten zu filtern, kann ich die Mischung aus *Hard Rain* und *Weites Land* bestaunen oder den achtzigjährigen Rettungsstürmer aus Kyritz. Darf mich über meine Parkuhr-Vermutung wundern und über den Baader-Meinhof-Komplex in mir. Schließlich hatte ich, orthodox wie ich war, nicht die Bohne klammheimlicher Sympathie für *Burn, warehouse, burn!* gehabt oder »Geschieht denen ganz recht!« gedacht. – Wieso nun die Versprecher oder Sprüchespielchen vom Baadermantel und der Raspefahndung? Wie kam das Thema in meinen Kopf, wo der doch heiß von anderem war?

Ein Vorteil des Schreibers: Weil er so gut wie alles allen anderen, voran sich selber, erzählt, war ich, als mich die Apparate umstellten, gegen deren Vormundschaft gewappnet. Ausgestattet zumindest. Wollte ich mich nicht auf meinen Stationärsstatus einlassen, konnte ich detailverzückt bedenken, wie ich zu ihm gekommen war. Ich hatte, was brauchte ich mehr, Elemente einer Geschichte. Es stand mir frei, meiner Parkzettelvermutung und der Bundeskriminalanmutung weitere Annahmen beizugesellen, auf die ich hätte kommen können, als es mit mir holterdiepolter aus dem Haus ins Siechenhaus ging.

Annahmen, die stark genug waren, mich am Begrübeln des Blutsacks über mir zu hindern. Na, Blutsack, ein Beutelchen vielmehr, eine Schulspeisenportion fremden roten Blutes, das in einer Plastiktüte zu meinen Häupten am Pfosten hing und sich von oben herab dem meinen gesellte.

Zum Glück kam in dem Augenblick, da ich mögliche Verwandtschaften herbeidenken wollte, der Arzt, um nach dem Pegelstand zu sehen und die Lage zu bereden. Gewöhnt, mit Patienten geduldig zu sein, hörte er zu, als ich sagte, ich rätsele gerade, wer wohl mein Tropfen für Tropfen zu mir überlaufender Blutsbruder sei. Oder meine – seit der Frauenfußballweltmeisterschaft dächte ich merklich genderoffener – Blutsschwester. Die Amerikanerinnen seien zwar schöner anzusehen gewesen und hatten näherliegende Namen gehabt, aber so, wie die Japanerinnen siegten, wünschte ich mir, gelebt zu haben. Ehe ich nach dieser Eröffnung die etwas hergeholte Frage aufwerfen konnte, ob man die Transfusion eine löbliche Abform vom Kannibalismus nennen könne, sprach der Doktor von Befund und Behandlung: Entweder noch einmal die Brustbeinsäge. Oder statt scharfer Instrumente ein scharfes Medikament. Auf dem Wege eben der Transfusion. Also wie jetzt der stärkende Fremdsaft dann auch dieses mittels Schlauch und Tropf. Das erspare mir die neuerliche Fleischhauerei, dauere nur etwas länger.

Wie viel länger? – Es würden, in Gottes Namen, ja nicht geradezu sieben Jahre sein?

So wenig, wie er Hofrat Behrens heiße, antwortete der Doktor und veranschlagte die Prozedur auf sieben Wochen.

Das schien lang, doch als Posten in einer Gleichung mit der Ewigkeit war es kaum zu beziffern. Und mit dem zitatenfesten Mediziner sollte es hinzukriegen sein.

Kein Hofrat! – gar nicht schlecht. Ein guter Mann, auch wenn ich ihn dann sagen hörte, da bleibe uns wohl die Zeit, einmal in Ruhe zu bereden, wie alles so gekommen sei.

Weil er kaum meine schlechten Befunde meinte, wohl aber mein schlechtes Leben zuvor, lachte ich leichthin und sagte, das könne er haarklein in einem Buch nachlesen, welches derzeit entstehe. Ich glaube, ich versprach ihm sogar ein von der Autorin signiertes Exemplar.

Wann mit dem Erscheinen zu rechnen sei, wollte er wissen. Das wisse ich nicht, sagte ich. Zwar lasse sich marktmäßig ein idealer Zeitpunkt denken, doch sei ich zu gespannt, um so selbstlos zu sein. Von Herzen gespannt sozusagen. Zumal auf den Schluss der Lebensschilderung. Wenn er verstehe, was ich meine.

Und ob, sagte er und ließ mich mit mir und meinen Erwägungen allein. Mit denen und dem Geschirr, das auf Zeit ein Teil von mir bleiben würde. Wie anders hätte ich schon entscheiden sollen? Entweder in der Herzenssache noch einmal alles auf Messers Schneide gesetzt oder zwei Monde lang – reformistischer konnte nichts sein – den Übelstand tröpfchenweise behoben. Immerhin würde es anders zugehen als auf der zerfransten Loipe durch den Winter meines Lebens. Wobei *Loipe* unpassend sportlich klingt. Im Göpelzirkel geht es voran. Aus den Daunen unter die Dusche, in die Kleider, an den Herd, Brot und Butter verzehrt, Mittag gemacht, Abwasch lieber vergessen, die Zeitung von anderer Spreu geschieden, alle Verheißungen des Marktes geradenwegs von der Postbox zum Container gebracht, verbliebene Lieben antelefoniert, ein bisschen mit dem Besen hantiert, ein wenig mehr mit der Feder, Abendbrot und Tagesschau, dann Kasten aus und Klappe zu, ein Buch macht schlau. Auch für den Nachtgedanken auf dem Kissen: Wozu musst du das noch wissen?

Zurück zum Hofrat. Kaum hatten er und ich den Schlauch anstatt der Säge gewählt, dehnte sich mir die kommende Spanne pipelineweit. Von Düne zu Düne, von Dünen her zu Dünen hin nur Sand und Sand und Sand, so schien mein Los beschaffen. Ein Los, das von seiner Schwere nichts verlor, als ich mir vor Augen hielt, womit mein Dasein fortan bestückt sein würde. Zuvörderst, um der Vergiftung an meines Herzens fühlloser Klappe Saures zu geben, mit Sanitärgeschläuch und Antibiotika fläschchenweise. Fühllos hieß der Pumpenflügel, weil er künstlich war, also anders als der Rest von mir, der alles andere als fühllos war. Weshalb ich mich, das vorab zu sagen, auf Speisen, ob nun sauer oder süß, in dieser träufelnden Zeit abnehmend versessen zeigte. Und zunehmend abnehmend, wie sich beim allwöchentlichen Wiegen erwies. Weil ein Gegengift gelegentlich ein Gift eben ist. Weil, was nicht gut für die Viren, auch nicht gut für Magen und Nieren war. Weil …

Genug mit weil! – Hinsichtlich der Therapie und meiner ihr angekoppelten Melancholie galt das Schweigegebot. Es ging gegen den Geist der Einzelverwahrung, den Mund aufzutun zu detaillierten Bescheiden, ob sie nun die Innereien beträfen oder meine Innerlichkeit. Anders könnte ich die delikaten Daten auch gleich lauthals bedenken. Blutdruck und Co. zweimal täglich sieben Wochen lang und Zweifel und Zweifel rund um die Uhr.

So wenig wie in Haft, wollte ich in eine Gesundungshaft. In die ich mich aber begäbe, wenn ich sie zu oft bedächte. Sobald ich ins Spitalsgrübeln kam, begann ihr Vollzug. Weshalb es nicht reichte, von Befunden und Befindlichkeiten nicht Kenntnis zu nehmen. Not tat vielmehr ein Bedenkverbot. Kein edles Mittel, wie jedes Fachblatt weiß. Aber andere fielen mir nicht ein. Ich wusste nur, ich sollte mich zweitausendundsechsundfünfzig Minuten lang der Frage enthalten, ob sich die Mörderbande in meiner Brust durch steten Tropfen vertreiben lasse. Schon den Gedanken hatte ich einfach zu meiden. Nur war einfach nicht einfach. Da würde es verwickelt gehen müssen. Mit getüfteltem Aufwand oder mit Gewalt. – Weshalb ich die retterrückenbreite Losung an mich ausgab: Schluss mit den bettlägerigen Blickansätzen und der Sanitärgerätediktatur gleich dazu!

Das habe ich, anfängliche Fehlschläge eingeschlossen, zuwege gebracht, indem ich dem, was sich in meinem Inneren vollzog, so viel Anteilnahme wie möglich entzog. Unter äußerster Anstrengung, mit der ich mich zwang, nicht nur das eine nicht zu beachten, sondern anderes herbeizurufen. In dessen Wahl ich frei war, solange es taugte, mir die verordnete Herzensangelegenheit von der Seele zu halten. Und aus dem bewertenden Sinn die flankierenden Eingriffe, mit denen im Bettenhaus den zeitweiligen Bewohnern zu Leibe gerückt wird. So gut wie teilnahmslos gab ich meine Daten her, ließ mich aushorchen, abmessen, anzapfen sowie durchschauen und pfiff auf das, was sich daraus ergab.

Pfiff darauf war leicht gesagt. Es ging nur, wenn ich an die Stelle medizinnaher Erwägungen etwas rückte, auf das ich dringend gern und womöglich schon lange oder aus aktuellem Anlass eine Antwort wüsste. Etwa *Wie hieß die bloß noch, die immer nur über Heimito von Doderer reden wollte?* Oder*: Müsste nicht die Berufsbe-*

zeichnung »Visagist« angesichts manch führenden Antlitzes als ebenso kühn wie zutreffend gelten? Oder: *Wird man analog zur Uhrzeit bald auch den Kalender umstellen, weil Ostern und Pfingsten auf ein und denselben Spätwintertag fallen?* Oder: *Schreit außer der unfreien Vergangenheit nicht auch die freie Gegenwart nach Antwort auf die Frage, wie alles so gekommen ist?*

Wer in dieser Weise spricht, wird umgehend, und zwar barsch, um Gründe ersucht und nach Beispielen gefragt, wobei *Beispiele* wie *Beweise* klingt. Hören muss er, wenn er unterschiedliche Verfasstheiten mit gleichmacherischen Fragezeichen versehe, vergleiche er Unvergleichliches, setze Ungleiches gleich und färbe somit das eine schön, wie er das andere herabwürdige. Worin denn sonst, wenn nicht darin, wollen die Entrüsteten wissen, sollte man nach der Delegitimierung den Ansatz zu einer Relegitimierung sehen?

Da stimmt mich froh, nicht nur den Unterschied zwischen Regime und Ordnung zu kennen, sondern vor allem, erfahren zu haben, wie tauglich meine Methode war. Wies ein Gedanke die wünschenswerte Stärke auf, zog er andere nach sich und stachelte sie an, allen Spekulationen, die den Ausgang des Kampfes zwischen Gift und Gegengift betrafen, den Weg zu versperren. Machte es anfangs Mühe, machte es einmal bei aller Strenge auch Spaß

Den Doktor, der zwar kein Hofrat, aber als Lenker der Prozesse mein Gerichtsherr war, dürfte es gewundert haben, wie beredt ich wurde, wenn er mir am Rand seiner heilsamen Besuche eine Unterfrage seiner

Hauptfrage unterbreitet hatte. Einmal aber war ich es, der sich über ihn verwunderte.

Zum einen kam er spät am Tage, als auf dem Flur nur noch der Geschirrwagen klirrte, und zum anderen hatte, was er sagte, nichts mit dem Gesundheitswesen und seinem oder meinem Teil davon zu tun. Er sagte: »Ein Knabe wollte gestern von mir wissen, ob ich im Krieg geschossen habe.«

»In welchem Krieg?«, sagte ich.

»Eben. Ich war in keinem.«

»Da sind Sie fein raus. Ich meine, gegenüber dem Jungen.«

»Leider nicht, er hat es auf eine schwierigere Stufe gehoben: Ob ich hätte, wenn. – Wie kommt der auf so was?«

»Er wird den Gasometer-Talk gesehen haben; da wurde es empfohlen«, sagte ich. »Oder die nette Lehrerin hat gesagt, im Fernsehen habe ein netter Mann gesagt, die Jungen sollten die Alten fragen, ob sie mitgetan haben, noch sei Zeit. Aber wenn der Knabe allein draufgekommen ist – auch kein Wunder. Bei all der Schießerei ringsum.«

»Bei der damaligen war ich noch nicht auf der Welt«, sagte der Doktor und schien sich zu fragen, ob er dem Kinde so gesprochen habe.

»Das sind so Argumente«, sagte ich, »aber von der Erkundigung, ganz gleich, bei welcher Generation, halte ich wenig.«

»Sie? – Sie haben ein dickes Buch darüber geschrieben!«

»Ja, mir von der Seele. Aber *Onkel, sag mal* bringt nichts. Der Onkel oder der Papa gar wird *Frag den Opa* sagen, und Opa wird sagen, er hat gemusst. Bringen Sie mal einem Kinde bei, dass der liebe Opa Leute totgeschossen hat, weil er musste.«

»Musste er denn nicht?«

»Aber ja. – Nur, mancher Kamerad wollte auch. Natürlich, weil er musste. Aus Überzeugung und in Notwehr. Die ihnen das eingeblasen haben, die sind nun wirklich nicht mehr da.«

Dass der Doktor ein Arzt für den Leib und für die Seele war, und zwar für meine wie seine, ja dass er überhaupt ein guter Mann genannt werden musste, zeigte sich, als er nicht tat, was möglich und erlaubt gewesen wäre. Er holte seine Frage, wie alles so gekommen sei, nicht aus der älteren Vergangenheit in die jüngere zurück, sondern ließ mich ungestört einem Gedanken folgen, der mit dem Ratschlag für Junge zu tun hatte und nichts mit meinem alten Herzen. Als höre er unerhört Neuem zu, hörte er mich sagen, dass ein Schuss weit vor seiner Zündung beginne. Nicht erst, wenn ein Finger sich krümme. Nicht erst, wenn das Auge zwischen sich und dem Ziel eine Beziehung stifte. Nicht mit dem Befehl eines Hauptmanns oder der Order eines Zeughausgenerals, nicht in der Pulverfabrik oder in deren Kasse und nicht einmal im Ministerium für Vaterlandsverteidigung. Der Schuss beginne, sagte ich und wunderte mich immerhin über meines Doktors Geduld, in Verhältnissen, in denen die Frage nicht aufkommt, ob man bei voriger Gelegenheit geschossen habe. Man hatte, nicht wahr, und wäre anders, nicht wahr, erschossen worden. Nicht wahr.

Allen Ernstes stand ich im Begriff, dem kenntnisreichen Besucher zu versichern, und zwar aus Kathederhöhe, jeder Schuss sei eine Tat und jeder Tat gehe eine Idee voran, die sich aus anderen Taten baue. – Gottlob hinderte mich das Statut meines Spiels, in dieser Weise fortzufahren. Der Versuchung, nach dem Hörsaal-Begriff *Katheder* den Heilkunde-Begriff *Katheter* einer Betrachtung zu unterziehen, widerstand ich, weil ich einen Wall zwischen ihnen aufwarf, der zwar ein herzbraver, aber doch ein Wortschwall war.

»Man schilt es ichbezogen«, sagte ich, »wenn einer, wo es ums allgemeine Leben geht, sein Erleben heranzieht. Also so ichbezogen wie möglich, Herr Doktor, zu der Gewissensfrage, die aus dem Gasometer kam: Ich sage nur deshalb nicht, ich habe natürlich geschossen, weil *natürlich* nichts als zynisch oder gar widerlich klingt. Manchmal, wenn ich die anderen höre, den Lübecker aus Danzig zum Beispiel oder den armen Wundertäter Erwin, die beide keinen Schuss abgegeben haben wollen, muss ich von mir als einer großen Ausnahme denken. Als den einen von Hitlers Soldaten, der geschossen hat. – Was fangen die Jungen wohl mit solcher Auskunft an?«

Ich weiß nicht, was es da zu lachen gab, aber der Hofrat lachte, wenngleich ein wenig bekümmert, und sagte, ehe er ging, er habe die Hauptuntersuchung für den Dienstag der kommenden Woche angesetzt; da seien die sieben Jahre um.

Das nicht ganz freundliche Wort *Hauptuntersuchung* kannte ich vom TÜV, aber jetzt klang mir der Bescheid wie eine Erlaubnis, die selbstverhängte Sperre aufzuheben und mich einzulassen in den Kanülen-und-Katheter-Bereich. Was ich eine Krankengeschichte lang vermieden hatte …

Dienstag? Warum nicht, dachte ich und gestattete mir, das verdrängte Spitalswesen zu berühren, Dienstag war schließlich ein besonders zweckdienlicher Krankenhausdienst-Tag. Montag fürs Dringliche, Dienstag fürs Gründliche, Dienstag galt noch als Wochenbeginn, und das Wochenende war am Dienstag noch weit. Also Ende gut, weil Dienstag gut?

Vielleicht verhielt es sich so. Hätte Wolfgang Borchert, der mein Landsmann und geraume Zeit mein Gesinnungsnachbar war, mir nicht just den Dienstag mit seiner Kurzgeschichte, die »An diesem Dienstag« hieß und auf einen Schuss hinauslief, zu einem Tag der schlimmen Erwartungen geschrieben.

So viel zur Macht der Literatur und zu mir als einem gänzlich Aberglaubenslosen. Und damit dem Ende des Berichtes zu. Hätte ich schon vor dem Kräftemessen der Viren und Antiviren zwischen meinen Schulterblättern das Wort *Rettungsdienst* nicht unterbringen können, wäre es bei meinem verminderten Umfang erst recht nicht gegangen. Anders hingegen müsste den Männern mit den triefenden Rücken – Hauptuntersuchung hin, Hauptuntersuchung her – ein breiteres Kreuz gewachsen sein. Klar hatten sie einen gerettet, war ja ihr Beruf. Hieß die Person nicht Baader?

Oder was mit K.? Jedenfalls herrschte tiefe Nacht, es hat gegossen, und das Tor war verhängt. Also der Bolzenschneider, das ging schnippschnapp. Dann ein Rumms für die Haustür, danach raus aus dem Bett mit dem Mann, rein in die abgelatschten Latschen, und das war's denn wohl.

Den Rest siehe oben. Ist schließlich mein Beruf. Siehe unter Abschied, mit dem Abfahrt begann. Siehe unter Stelenfeld, das ich kaum übersah, und unter Parkverbot, das ich übersah. Oder siehe nächtliche Entführung durch beschriftete Männer. Oder siehe Hippokrates sowie Herrn Dr. M. und Frau Dr. S. Oder Segen und Kosten des Alleinseins. Oder Lirum, Larum. Serum, Löffelstiel – dieser K., der isst nicht viel … Oder Hofrat Siebenjahr. Oder siehe Transfusion und Antibiotikum als Teile vom deutschen Grundwortschatz. Oder siehe unter Denkverbot und Denkgebot. Oder wo ein Schuss anfängt. Oder wie nach einem Dienstag alles neu anfangen soll. Oder wie dies oder das so gekommen ist. Oder warum ein Wort wie *Hausschuhe* die Spitze einer Einkaufsliste bildet.

Viel Aufwand, viel Vorsatz, mächtig zu tun. Zumal, wenn man bedenkt, dass – um sieben Wochen näher gerückt – immer noch ansteht, was so gut wie erreicht scheinen wollte.

Das Leben ist ein »strenges Spiel«

Hermann Kant im Gespräch mit Irmtraud Gutschke über Befriedigung, Befürchtungen und über das, was Jüngere gern von sich wegschieben

Wohnt der Kant immer noch in seinem Sommerhaus, wurde ich vor kurzem wieder bei einer Veranstaltung gefragt. Ganz allein? Es wird Winter. Muss man dich bedauern?
Das ganze Haus ist nicht zu beheizen. Aber ich habe mir vor Jahren rund um den Nachtspeicherofen diesen Raum abtrennen lassen.

Sessel, bequem, kleiner Schreibtisch, Ofenbank – eng, aber warm. Und nachts in ein eiskaltes Schlafzimmer?
Ich lasse die Tür zum Arbeitszimmer offen. Nein, mich braucht niemand zu bedauern.

Seit wann hast du das Haus eigentlich?
Seit 1969, da war hier nichts weiter als Acker, den ich von einem Nachbarn erst gepachtet und später gekauft habe. Vera Oelschlegel, mit der ich zusammen war, hat sofort Pläne entwickelt, dass hier ein Bungalow hinmüsste. Den gab es aber nicht. Sogenannte Partybungalows wurden in Wernigerode hergestellt. Wie ich einen kaufen konnte, sogar noch etwas größer, weil

der Direktor des Betriebes jeden Abend in der »Aula« las, ist eine Geschichte für sich. Seit 1994 wohne ich fest hier in Prälank.

Die »Aula« kann also hier nicht entstanden sein ...
Aber den »Aufenthalt« habe ich hier geschrieben, im Obergeschoss stand meine elektrische Schreibmaschine am Fenster. Wenn abends Licht brannte, haben meine Nachbarn gesagt: Da sitzt er und schreibt.

Schreibmaschine – wenn du etwas umformulieren wolltest, wie hast du das gemacht?
Den Bogen nochmal abgetippt, wenn es mehr als drei Korrekturen waren. Fast alles, was nach dem »Aufenthalt« kam, ist auch hier entstanden.

Welches Buch ist dir am wichtigsten? Viele Leser würden für sich »Die Aula« nennen ...
Wenn du fragst, was mir am gelungensten erscheint, kommt »Der Aufenthalt« für mich vorneweg, auch wenn »Die Aula« erfolgreicher war. Und jetzt feiere ich meine kleinen Triumphe mit meiner letzten Erzählung »Ein strenges Spiel«. Ich habe das Bändchen an gute Freunde verschickt und Leute, die auf irgendeine wichtige Weise mit mir Berührung hatten. Da kommen natürlich Briefe zurück.

Ich kann mir vorstellen, wie sich darin Lob mit Besorgnis mischt. Denn dein Vorspruch, dass du mit diesem

Text »aus der Schreiberei« gehen willst, klingt doch ziemlich befremdlich.
Aus der Schreiberei – »nicht aus dem Leben, jedenfalls nicht mit meinem Zutun«. Das sage ich doch ausdrücklich. Wer da befremdet ist, hat mit der eigenen Vorstellung zu kämpfen, alles möge in Ewigkeit so weitergehen. Aber das Leben ist nun mal wirklich ein »strenges Spiel«. Auch wenn es manchmal puppenlustig daherkommt und man glaubt, es sei völlig selbstbestimmt. Das Leben hat Regeln, die haben mit Anfang und Ende zu tun.

Du meinst, dass wir uns diesbezüglich oft selbst belügen?
Jeder muss seine Erfahrungen machen und wird versuchen, möglichst wenig zu klagen über alle möglichen Gebrechen und Beschwernisse, weil ihm das nichts nützt. Du merkst doch am Verhalten der anderen, wie alt du bist. Letztens bei meiner Ärztin wurde mir im voll besetzten Wartezimmer ein Platz angeboten. Das nahm ich dankbar an und war zugleich bedrückt: Merkt man dir deine Bedürftigkeit schon an! Und wenn ich um mich herum das Aufhören sehe, und es ist kaum die Rede davon, was für ein langer, schwerer Weg es oft ist bis zuletzt ... Jetzt ist Siegfried Lenz gestorben, man hat seinen Tod würdig begangen, aber im Grunde war er schon lange ein alter, kranker Mann. Einen Tischlermeister würde man mit 88 doch auch nicht fragen, woran er gerade arbeitet.

Wolltest du dich mit deiner Ankündigung von einem Druck befreien?
Ich habe mich nie von irgendwelchen Mächten, himmlischen oder irdischen, gezwungen gefühlt, etwas zu schreiben. Aber wenn man ein alter Knabe geworden ist, dann überlegt man manchmal: Warum setzt du dich nicht auf deine Gartenbank, guckst auf den See und denkst, wie gut es die Fische doch haben. Außerdem reicht es nicht, bloß irgendetwas zu veröffentlichen. Ich erinnere mich noch, wie man dem alten Arnold Zweig vorgemacht hat, er schriebe noch so gut wie früher in »Der Streit um den Sergeanten Grischa« oder »Erziehung vor Verdun«. Aber die letzten Sachen waren wirklich nur noch eingeübte Bewegungen.

Selbstzweifel?
Das Schreiben war nie Quälerei für mich, aber es war zunehmend mit der Frage verbunden, ob ich eine angefangene Arbeit noch beenden kann. Die Aussicht, ein Fragment zu hinterlassen, das bloß noch drei Germanisten interessiert, hat mich immer furchtbar behelligt.

Du hast schon in unserem Interviewband »Die Sache und die Sachen« angekündigt, dass du keine langen Texte mehr schreiben willst, und dann kam dein großartiger Roman »Kennung« heraus.
Na gut: Du siehst mich auch jetzt nicht in Ketten. Sollte ich morgen früh aufwachen und eine fabelhafte

Geschichte im Kopf haben, werde ich den Teufel tun, mich ihr zu verweigern. Aber da ist eben ein Anspruch, der einzulösen ist. Vorbei die »Aula«-Zeiten, als ich mich morgens hingesetzt und auf die Maschine eingedroschen habe. Schon mit »Der Aufenthalt« war es mit solchem bedenkenlosen Schreiben vorbei. Was meine Lebenshauptsache war, das musste auf einer entsprechenden literarischen Höhe erzählt werden.

Hätte so ein Buch wie »Der Aufenthalt« eigentlich auch in der BRD entstehen können? Es findet sich ja darin kaum ein DDR-Bezug.

Nicht direkt. Aber als der Roman entstand, war in der DDR schon eine Art eigener Nationalismus im Schwange. Man musste den Eindruck haben: Den Zweiten Weltkrieg hatten die Westdeutschen gemacht, die Ostdeutschen waren gar nicht dabei, wurden aber eines Tages befreit. Dagegen war eine Geschichte gesetzt, die sich auf die Umrisse der damaligen Zeit berief. Von sozialistischen Sehnsüchten ist nicht die Rede. Es geht um Mark Niebuhr auf dem Weg durch die Zeiten. Und wenn ich Leute in den Gefangenenlagern nannte, achtete ich darauf, dass sie nicht etwa alle nur aus Köln oder Flensburg oder Nürnberg stammten, sondern auch aus Leipzig, Erfurt oder Cottbus. Faschismus und Krieg sind eine gesamtdeutsche Angelegenheit gewesen und nicht eine der bösen Westdeutschen. Das war mir wichtig. Nicht aus Sympathie für die Westdeutschen, aber aus

Antipathie gegen unser Gehabe, wir seien die Erben der Sowjetunion.

Dabei ging es um den Umgang mit persönlicher Schuld. Das Buch wirkt auf mich auch deshalb so stark, weil ich dagegen revoltierte, dass dieser junge Mann, der nur ganz kurze Zeit bei den Soldaten war, sich als schuldig ansehen soll.

Da geht es um Bewertungsmaßstäbe, darum, wie schwierig es ist, aus einem Zustand, in dem man gelebt hat, herauszufinden in einen anderen und sich dabei als keineswegs Unschuldigen zu begreifen. Ein Weg der Selbsterkenntnis.

Ist das, als das Buch veröffentlicht wurde, auch wirklich so verstanden worden? Oder wollte sich niemand getroffen fühlen?

Am öffentlichen Echo gemessen, waren Zuspruch und Nachfrage bei der »Aula« natürlich mit Abstand am größten. »Das Impressum« segelte gewissermaßen im Wind dieses Erfolges. Beim »Aufenthalt« war der Zugriff der Leser weniger stark, aber der Inhalt der Zustimmung war entschieden bekennender, dankbarer und selbstkritischer. Mehr kannst du als Autor nicht erreichen als dieses »So haben wir es noch nicht gesehen, aber es stimmt ja.«

Hattest du das beim Schreiben bezweckt?

Ich maße mir nicht an, erzieherisch zu wirken. Ich wollte so präzise und vergnüglich wie möglich eine Geschichte erzählen, und zwar eine wichtige. So wie diese deine Geschichte beschaffen ist, sagte ich mir, muss sie für ein Buch taugen von einer Art, die du an Büchern schätzt. Aufregend, genau, aber nicht naturalistisch.

Wie hat Erwin Strittmatter auf deine Selbstauseinandersetzung reagiert? Du warst mit ihm befreundet, aber noch wusste keiner von seiner Kriegsvergangenheit.
Das bleibt rätselhaft. Ich erlebe ihn bei der Lektüre seiner Tagebücher, über tausend Sachen gebeugt. Auch über mich und unsere Beziehung hat er hin und wieder was aufgeschrieben. Zum »Aufenthalt« kein Wort. Zur »Aula« habe ich einen wunderbaren Brief von ihm bekommen, Ermunterung eines erfahrenen Kollegen für einen jungen. Beim »Aufenthalt« hat ihn meine selbstkritische Art womöglich gewurmt. Es war ja sein Grundmotiv fürs Schreiben, dass er bei allem Sinn für Widersprüche und Schrecken doch die Wirklichkeit poetisieren, eine bessere Welt malen wollte als die, die er gelebt hat.

In besagter Erzählung »Ein strenges Spiel« gibt es eine beeindruckende Szene, als der Arzt dir von der Frage seines Sohnes erzählt, ob er im Krieg geschossen hätte. Dabei war der Mann zu jung, um je in einem Krieg gewesen zu sein. »Von Erkundigung, ganz gleich, bei welcher Generation, halte ich wenig«, sagst du da.
Weil Selbstauseinandersetzung etwas anderes ist als Schuldzuweisung.

Du schreibst, dass »ein Schuss weit vor seiner Zündung beginne«. Er beginne »in Verhältnissen, in denen die Frage nicht aufkommt, ob man bei voriger Gelegenheit geschossen habe. Man hat, nicht wahr, und wäre anders, nicht wahr, erschossen worden.« Zeigt da die Debatte um Strittmatter nicht, wie wir schon in Friedenszeiten verwurzelt sind?
Das eine ist, etwas Verdunkeltes zu erhellen, man kann aber auch auf einen anderen weisen, um etwas zu verdecken. Soviel man moralisieren mag, Gewalt als Möglichkeit ist so lebendig wie je. Du brauchst nur den Fernsehapparat anzuschalten. Das geht los mit den oberflächlichsten Cowboy-Filmen, wo die Leute dauernd einander totschießen und nicht groß drüber nachgedacht wird, Hauptsache, man bewundert die Schießkünste. Und es setzt sich fort in die blutige Realität dieser Welt, die den Eindruck macht, als sei sie heute heilloser denn je. Vielleicht liegt es an meiner Wahrnehmung, dass ich sie früher nicht so entsetzlich erlebt habe. Wie verrückt, geradezu blutig verrückt es derzeit in manchen Landstrichen zugeht, das bringt einem das Fernsehen direkt ins Wohnzimmer.

Aber facht das denn kriegerische Gelüste an?
Nein, daran teilnehmen möchten die meisten nicht. Allein schon der bloße Gedanke, dass man keine Seife hätte, wenn Krieg ist. All die Unbequemlichkeiten! Da schauen die Leute auf die Ukraine und schütteln mit den Köpfen.

Nochmal zurück zur Begeisterung für »Die Aula«. Erklärt sich die enge Bindung deiner Generation an die DDR auch daraus, dass ihr plötzlich Chancen bekamt, die vorher undenkbar waren?
Der schrecklichste Lebensabschnitt für mich war die Gefangenschaft. Und der glücklichste die Arbeiter-und-Bauern-Fakultät. Als ich hörte, ich soll studieren, erstrahlte in meinem Kopf ein Märchenschloss, wo vorher eine Festung gewesen war, versperrtes Gebiet. Die Welt war nicht so, dass Kinder armer Leute in einer Universität Platz gefunden hätten zu meiner Jugendzeit. Dass die DDR die Tore aufgerissen hat für unsereins, war eine große sozialistische Tat.

War dir bewusst, wie sich diese »Aula«-Generation von später Geborenen unterschied?
Da hat sich etwas abgeschliffen. Spätere ABF-Studenten hatten meist nicht mehr diesen Sturm und Drang im Herzen. Vieles wurde Routine.

Ob das auch damit zu tun hatte, dass es bald schon nicht mehr diese Aufstiegschancen gab? Die alten Kommunisten in den verantwortlichsten Positionen, dann eure Generation in der zweiten Reihe – die Jüngeren dann als Mitarbeiter. Hingen spätere Probleme der DDR womöglich auch damit zusammen, dass alles personell so festgefügt war?
Natürlich. Hinzu kam noch, dass eine Installation der ersten Stunde nicht unbedingt mit Verleihung von Weisheit verbunden war. Man wählte Leute aus, die

verlässlich schienen, das förderte eher Beharrungsvermögen, Sturheit, kaum Offenheit für Neues.

Was könnte man an der DDR später noch interessant finden, in dreißig, in fünfzig Jahren?
Das frage ich mich jeden Tag, ob durch das ständige Begießen der DDR-Vergangenheit mit stinkigem, teerigem Zeug das wahre Bild nicht völlig verdreckt bleiben muss. Die DDR ist im Moment für die offizielle Seite nichts weiter als ein Gegenstand schrecklicher Propaganda.

Zugleich ist dieser Staat, dieser Staatenverbund tatsächlich gescheitert, nicht nur an der geschlossenen Grenze, nicht nur an mangelnder Meinungsfreiheit, sondern ökonomisch.
Dass es an ineffektivem Wirtschaften lag, ist völlig klar. Aber das hatte auch mit mangelnden Freiheiten zu tun. Mit eingesperrten Leuten kann man keinen Sozialismus aufbauen. Wer eine Mauer ziehen muss, damit die Leute nicht weglaufen, hat schon sein Scheitern eingebaut.

Kalter Krieg.
Natürlich hat die andere Seite alles darangesetzt, diese DDR nicht nur zu beseitigen, sondern eigentlich gar nicht erst in Gang kommen zu lassen. Zum Beschränktwerden kam aber eben auch eigene Beschränktheit. Dass die Mauer gebaut wurde, hat mich 1961 nicht entsetzt. Ich habe gedacht, nun können wir ungestört eine sozialistische DDR entwickeln. Dass die Mauer aber

nicht als momentane Notlösung, sondern als dauernde Errungenschaft gefeiert wurde, musste uns früher oder später auf die Füße fallen.

Wenn man so was denkt als Präsident des Schriftstellerverbandes in verantwortlicher Position, gerät man da nicht in einen inneren Widerspruch, weil man es nicht laut sagen kann?
Es ging bei mir nicht um das Laut- oder Nichtsagen, sondern ums Gescheit-Sagen. Wenn ich etwas sehr bewusst betrieben habe, war es die Formulierung dessen, was ich äußern wollte. Meine Sprache setzte ich gegen das Eindimensionale.

Sprachkunst als Ausweg?
Das klingt nach Beklemmtheit und Ängstlichsein. Solches lag mir nicht. Ich habe mich auch nie beschützt gefühlt von irgendwem. Von früh an habe ich begriffen: Wenn du deinen Verstand bemühst und die Worte richtig wählst, dann wollen wir mal sehen, wer dich da hindert. Das habe ich schon im Warschauer Ghetto-Lager so gehalten. Es hat sich bewährt, keine Angst zu haben.

Aber es hat Kraft gekostet und Kompromisse. Bereust du es im Nachhinein, dass du dich für einen Staat engagiert hast, der dann untergegangen ist?
Nein, kann ich nicht. Ich habe mich an eine Sache gewendet mit allem, was ich konnte, von der ich glaubte, sie sei richtig und nötig. Und es ist nach wie vor völlig

zutreffend, zu sagen: Das Beste an der DDR war der Traum, den wir von ihr hatten. Diesem Traum bin ich treu geblieben.

Welche Auswirkung hatte diese Haltung auf dein Schreiben?

Da konzentrierte ich mich auf meine Geschichte, die so gut formuliert sein sollte wie nur möglich. Dass ich dabei dachte, es könnte Ärger geben? Kaum. Du musst es so sagen, dass es sich andere kaum trauen können, es selber so sagen zu können.

Ist das der Genuss am Schreiben: dieser Ehrgeiz, dieser Witz?

Es macht viel Freude, wenn du meinst, dass dir etwas gelungen ist.

Deine Erzählung »Ein strenges Spiel« beginnt mit einer lebensgefährlichen Situation und hat ihren Handlungsrahmen im Krankenhaus. Aber geht es nicht vor allem darum, wie du dich von Bedrückung befreist durch Bedenken und Beschreiben?

Der Chefarzt, der mich behandelte nach dieser schrecklichen Herzgeschichte, stellte mir eine lange Therapie in Aussicht und meinte: Sie können sich ja ihren Computer bringen lassen. In diesen sieben Wochen habe ich versucht, jeden Tag ein bisschen zu schreiben. Ich bin gerade mal zur Hälfte des Textes gekommen, aber der Arzt hatte den klugen Blick dafür, wie mir zu helfen war.

Wie erklärt es sich, dass dieser Erfahrungsbereich – Krankheit, Ausgeliefertsein, Alter – in der Literatur seltener zur Sprache kommt, während doch viele Menschen, eigentlich sind es alle, davon betroffen sind?
Fremde Krankengeschichten hört niemand gern.

Ein Nicht-wahrhaben-Wollen, ein Verdrängen eigener Ängste?
Sei's drum. Es ist mir, glaube ich, gelungen, die Geschichte rauszuhalten aus dem Geruch der medizinischen Labors.

Man hätte einen ganzen Roman draus machen können: Schlauch im Schlund und das Leben zieht an einem vorbei.
Ja, hätte man. Dem steht der Gedanke entgegen: Sieh mal zu, dass du das noch rund bekommst, du weißt nicht, wie viel Zeit du noch hast.

Warum hast du das Buch auf eigene Kosten verlegt?
Weil ich nicht weiß, ob ich es noch erlebe, dass der Aufbau Verlag die Geschichte in eine erweiterte Neuauflage meiner Erzählungen aufnimmt. Sollen es erst mal ein paar Freunde lesen, sagte ich mir.

Und die vielen anderen Interessierten?
Ja, die müssen wahrscheinlich warten.

Könnte man aus diesem kleinen Text nicht eine richtig schöne illustrierte Ausgabe machen?
Könnte man. Aber wir haben Marktwirtschaft.

Ist es von Vorteil, Schriftsteller zu sein, auch wenn man nicht schreibt? Träumt man was Schönes mit so einem geschulten Gehirn?
Lassen wir mal das geschulte Hirn weg, es ist einfach ein unerhörtes Glück, nicht angewiesen zu sein auf das Fernsehprogramm. Ich habe immer genügend zu bedenken, was in der Welt vor sich geht, was mir heute geschehen ist, was mir morgen passieren könnte, und bin dann auch Herr dessen, was mir durch den Kopf läuft. Da ist mein Kopf, soweit es mich als Kunden betrifft, ein Unterhaltungsbetrieb. Klar, habe ich auch mal gedacht, ist ja langweilig, aber dass ich mich wirklich gelangweilt hätte, auch wenn ich ganz alleine war, kann ich nicht sagen. Das kommt daher, weil ich so viel gesehen, gehört, gelesen habe und meine Gedanken in Bewegung bleiben.

Fallen dir manchmal Dinge ein, von denen du dir sagst, darüber hätte ich eigentlich noch schreiben sollen?
Ja und nein.

Wenn du jetzt sicher wärst bezüglich deiner Lebenszeit, wenn ein Engel dir weitere zehn Jahre verkünden würde?
Für die Botschaft würde ich danken. Zehn Jahre, wenn das so ist, dann wollen wir mal sehen, was wir damit anfangen. Aber ich bin auch ziemlich wählerisch bei dem, was ich erzählen will. Natürlich wüsste ich eine Menge Sachen, aber ich muss mich immer fragen, wen das interessieren könnte. Nö, im Moment denke ich – nicht etwa satt und zufrieden, aber auch

nicht beunruhigt –, ich habe meins gemacht. Und sollte es, Engel oder nicht, nochmal zu einer anderen Auftragslage kommen, werde ich mich nicht verriegelt benehmen.

Zukunftsmusik: Können wir auf eine Veränderung zu mehr Gerechtigkeit hoffen in dieser Welt?
Es kann so nicht weitergehen. Aber es wird wahnsinnig lange dauern, denn was wir an Einfällen hatten, um etwas Neues zu beginnen, wird wesentlich übertroffen von denen, deren Einfälle dazu da sind, das Alte zu befestigen und zu verschärfen. Insofern glaube ich an die Notwendigkeit, aber nicht so sehr an die historisch rasche Umsetzung.

Anhang

»Literatur, das ist ein anderes Wort für Ausweg«

Hermann Kant zwischen Traum und Enttäuschung, Schmerz und Schutzzauber

Nachwort von Irmtraud Gutschke

Da sitzt ein schmächtiger Kerl auf einem vereisten Elektromast; bei acht Grad unter null hat er gesprungene Isolatoren auszuwechseln. Es dürfte wohl so gewesen sein, wie in Hermann Kants früher Erzählung »Mitten im kalten Winter« beschrieben, dass er sich nichts von der Beschwernis anmerken ließ, zumal nicht vor der kleinen Dienstmagd, die da in Holzpantinen über den Gutshof kam. Wollte hoch hinaus und dabei eine gute Figur machen? War das eine Formel seines Lebens?

Ein Hochhinaus hatte für den 17-Jährigen zunächst an diesem Mast eine Grenze. Ein famoser Elektriker zu sein schien das Höchstmögliche an Karriere. 1926 in Hamburg geboren, ist Hermann Kant mit seiner älteren Schwester Edith und seinen jüngeren Geschwistern Isa und Uwe in armen Verhältnissen aufgewachsen. Vater Paul war im Hamburger Hirschpark für die Orchideen zuständig und wurde 1933 zum Straßenfeger degradiert, weil er nicht für die Entlassung eines kommunistischen Kollegen gestimmt hatte. Was es heißt, trotzig Haltung zu wahren, haben die Kinder früh mitbekommen. Dass es zu Hause hinten und vorn nicht reichte für eine fünf-, später sechsköpfige Familie, darauf habe niemand »mit großem Geheul« reagiert, sagte Kant später. Die stoische, ironische Art des Vaters und der gelassene Humor der Mutter, einer »Herrscherin aus Selbstverständlichkeit«, waren ihm Halt.

Kein Gedanke, zu den »Herrschaften« gehören zu wollen. Die Reichen hielt man in der Arme-Leute-Siedlung Hamburg-Lurup, wo sie zu sechst in einem Zimmer schliefen, für »eine andere Sorte Mensch«. Als seine Lehrerin die Rede darauf brachte, dass Hermann aufs Gymnasium solle, weil er nur zuzuhören brauchte, um sich alles zu merken, nahm ihn der Vater zum Hamburger Christianeum mit. Er möge sich mal die Kinder dort angucken. Trotz Befreiung vom Schulgeld guter Leistungen wegen – die Eltern würden ihn nie so ausstatten können wie die. Er würde immer der Sohn des Straßenfegers bleiben.

Mit Beginn des Krieges, als Hamburg bombardiert wurde, zog die Familie nach Parchim ins Haus des Großvaters. Der Vater arbeitete noch ein halbes Jahr als Gärtner, bevor er eingezogen wurde. Lange und qualvoll starb er zu Hause, nachdem er in Frankreich in bäuerlichem Quartier zur falschen Flasche gegriffen und Natronlauge ihm die Speiseröhre verätzt hatte. Die Mutter meldete Hermann in der Mittelschule an, wo er ein Pensum an Englisch, Französisch und Algebra nachholen musste. Weil er nun nicht der Beste sein konnte, wurde er zum Klassenclown. Auch später habe er manches durch seine »große Klappe« wettgemacht, gab er zu. Und dann hatte er Glück: Der Elektromeister Eugen Günther nahm ihn als Lehrling. »Da war ich plötzlich der junge, schlaue Elektriker in Parchim.« Kurze Zeit. Mit 18 musste er in den Krieg, mit 22 kam er zurück.

Vier Jahre, die ihn lebenslang prägten. Erinnerungen daran tauchen auch in Texten dieses Bandes auf. »Ich habe gelesen« bezieht sich auf das Buch »Der Sekretär« von Jochen von Lang, das Hermann Kant in der Ausgabe von 1988 aus dem Herbig Verlag München vorlag und das er im gleichen Jahr für die Zeitschrift »Konkret« rezensierte. In einer eleganten Wendung hebt er diese Art personalisierte Zeitgeschichte gegenüber der in der DDR üblichen Geschichtsbetrachtung hervor, die, vornehmlich auf Gesetzmäßigkeiten aus, den konkreten Faschismus »in Schwerin, Parchim, Halberstadt oder Bernau, in der heutigen DDR also«, eher ausblendete. Dass er sich das traute? Was heute schon viele nicht mehr wissen: Mit den glänzenden Satiren des Bandes »Bronzezeit« (1986) und dem Roman »Die Summe« (1987) hat er sich weit mehr getraut.

Im Buch »Der Sekretär« las er, wie sich die Wege von Martin Bormann und Rudolf Höß mit den seinen in Parchim gekreuzt hatten. In »Der Glasberg« (1959) hat er über seinen Einsatz als Elektriker in einer heruntergekommenen Wohnung geschrieben. Nebenan hatte Bormanns Geliebte gewohnt. Und auf dem Rittergut Neuhof, das wohl der Schauplatz der eingangs erwähnten Erzählung ist, hat er die »Autos der Fliegeroffiziere« bemerkt, aber nicht gewusst, dass Höß dort zugange war, bevor er Kommandant von Auschwitz wurde. Er war zeitgleich mit ihm im Warschauer Gefängnis eingesperrt. Doch obgleich die kriegsgefangenen Soldaten ihren Bewachern als Mörder galten, der Massenmörder wurde gesondert verwahrt.

Von den Stätten des Judenmords, an denen er als Kriegsgefangener vorbeigeführt wurde, ohne es zu wissen, hat Kant aus Martin Gilberts Geschichtswerk »Second World War« und Claude Lanzmanns Dokumentarfilm »Shoah« erfahren, was ihm für »Die Zeit und ihre Zeugen« Schreibanlass war. Nur einmal in Łódź hatte er über vereiste Leichenberge hinweg Spießruten laufen müssen und sich vor diesen Toten noch unschuldig gefühlt. Im sowjetischen Kriegsgefangenenlager von Puławy nahe Majdanek behandelte eine russische Ärztin seine angefrorenen Füße, eine Lungenentzündung und einen gebrochenen Arm. Da wusste er nicht, dass in dieser 7000-Seelen-Siedlung 3220 jüdische Bewohner umgebracht worden waren.

Im Lager Puławy sollten sich »Spezialisten« melden. Dass er als Elektriker fein raus gewesen wäre? Mitnichten! Unter polnischem Gewahrsam wurden die »Spezialisten« geradewegs ins Warschauer Zentralgefängnis verfrachtet, was sie zunächst für ein Missverständnis hielten. Die zwei Jahre dort, bis er in das Arbeitslager Ulica Gęsia kam, sind für den jungen Mann eine schlimme Zeit gewesen, durchaus schlimmer, als er sie – mit Rücksicht auf Polen – später im Roman

»Der Aufenthalt« (1977) beschrieben hat. Doch war es nicht lediglich Höflichkeit seinen Gastgebern gegenüber, dass er im Mai 1989 in seiner Rede »Über Schriftstellerei« im Warschauer Königsschloss von Glück sprach, damals in diese Stadt geraten zu sein. »Stellen Sie sich vor, es hätte mich in ländlich entlegene Auen verschlagen, wo der Krieg zwar auch gewesen, aber doch nicht mehr zu sehen war – was hätte in den kommenden vier Jahren mein Fragen in Gang gesetzt und was mir die Klage zurück in den Hals gestopft? Wo hätte ich den Antrieb hergenommen, der dann in Schriftstellerei geendet ist?« Mehrere Anläufe brauchte er, den passenden Erzählton zu finden, bis zum Roman »Der Aufenthalt«, den er als sein Hauptwerk bezeichnet.

Der wacklige Schemel, auf den er eines Tages im Arbeitslager stieg, um gereimte Texte vorzutragen, markiert den Beginn seines Weges als Schriftsteller, der sich in erster Linie als politisch denkender Mensch verstand. Wohl leichter zu erklimmen als der frostglatte Elektromast, ist dieser Schemel für ihn gefährlicher gewesen. Die Mitgefangenen hätten den jungen Spund ohne weiteres herunterzerren und ihn für alle Zeit zum Prügelknaben machen können, weil er etwas sagte, das ihnen zutiefst widersprach. Sie fühlten sich als Soldaten unschuldig eingesperrt, schwelgten in der friedlichen Vorkriegszeit und wollten bloß noch nach Hause. Da hielt er ihnen entgegen, dass für die Hinfahrt bezahlt werden müsse, ehe an Rückreise zu denken sei. Aber er tat es nicht als Agitator, sondern mit dem ihm eigenen Witz, der ihn schon immer schützte.

Politische Arbeit war im Lager verboten, dessen Insassen lange nicht ahnten, dass es sich auf dem Boden des Warschauer Ghettos befand. Erst 1948 wurde eine »Selbstverwaltung der deutschen Kriegsgefangenen in Polen« offiziell genehmigt. Es entstand ein Antifa-Komitee, das eine Lagerzeitung herausgab. Klar, dass Kant für »Die Brücke« schrieb und dass Karl Wloch, der im Auftrag der SED ins Lager gekommen war, ihn in der neu gegründeten Antifa-Schule Seminare halten ließ. »So viele mit Schnauze und Schreibfähigkeit hatten sie nicht«, urteilte Kant später. Seine Schemel-Reden hatten ihn zum »Kader« gemacht.

Im November 1944 war er einberufen, im Januar 1945 aufgegriffen worden. Im Dezember 1948 kam er nach Parchim zurück. »Na, bist du auch wieder da«, begrüßte ihn der 12-jährige Uwe. Edith war verheiratet und lebte anderswo. Isa war, wie in der hier abgedruckten Erzählung beschrieben, mit einem sowjetischen Offizier liiert, der später zurückbeordert wurde. Der Vater war gestorben; an seiner Stelle saß Ernst Steinbeiß am Tisch, ein hart geprüfter Genosse aus Sachsenhausen mit autoritärem Gehabe. Nicht seinetwegen trat Kant in die SED ein.

»Elektriker, du sollst studieren« – was Anna Seghers 1948 bei einem Besuch im Lager zu ihm gesagt hatte, blieb ihm im Ohr, als er von der Gründung der Arbeiter-und-Bauern-Fakultät in Greifswald erfuhr, die ihn auf ein Studium vorbereiten sollte. Es sei die glücklichste Zeit seines Lebens gewesen, sagte er in dem hier veröffentlichten letzten Interview, das ich mit ihm führte. »Als ich hörte, ich soll studieren, erstrahlte in meinem Kopf ein Märchenschloss, wo vorher eine Festung gewesen war, versperrtes Gebiet. Die Welt war nicht so, dass Kinder armer Leute in einer Universität Platz gefunden hätten zu meiner Jugendzeit. Dass die DDR die Tore aufgerissen hat für unsereins, war eine große sozialistische Tat.«

Kommunisten und Sozialdemokraten, aus den Lagern und der Emigration zurückgekehrt, meist selbst aus dem Arbeitermilieu, brauchten für den neuen Staat eine neue Elite. Das war für junge Leute wie Hermann Kant eine Verheißung, die sich später Geborenen so nicht mehr bot. Seinen wohl populärsten Roman »Die Aula« (1965) schrieb er, als sich das Klima schon verändert hatte – um sich an diese leuchtende Zeit zu erinnern, dabei aber mit einem Witz, der Abstand erkennen ließ. Wegen des ironischen Tons angesichts von Errungenschaften, vor denen man gewissermaßen auf den Knien liegen sollte, hätte es das Buch 1965 schwer haben können. Allein schon wegen eines Satzes zur Berliner Mauer: »Und wenn es einen Grund gab, der einem die Augen wohl tropfen machen konnte, dann war es diese Grenze mitten durch Berlin.« Dass »Die Aula« veröffentlicht und sogar Schullektüre wurde, hatte mit einer Lesung von sechs jungen Autoren im Schloss Niederschönhausen, dem Amtssitz des Staatsrats, zu tun. Hermann Kant konnte wegen eines Autounfalls nicht erscheinen. Das Mitgefühl mit seiner Lage kam wohl zu seinem, nun notgedrungen von Helmut Hauptmann vorgetragenen Text hinzu, so dass Lotte Ulbricht sagte: »Ja, so wie der Kollege Kant muss man schreiben.«

Das Lob einer »First Lady« wäre auch heute Reklame. Doch abgesehen davon, dass keine Zensur mehr zu umgehen ist und die Macht bei den Verlagen liegt, deutsche Politiker würden, so sie überhaupt mit Literatur befasst sind, ihre Meinung im Privaten belassen. Um Hermann Kants Leben zu verstehen, muss man die völlig anderen Verhältnisse in Betracht ziehen, unter denen es verlief. Mit einer Präsidialordnung, wie sie in vielen Ländern existiert, war die DDR insofern vergleichbar, als die Macht, zentral gesteuert, letztlich beim Generalsekretär des ZK der SED und Vorsitzenden des Staatsrats konzentriert war. SED-Zentralkomitee und Volkskammer existierten nebeneinander, wobei in Letzterer, das wird mitunter vergessen, mehrere Parteien und Massenorganisationen vertreten waren. Eine Doppelstruktur gab es ebenfalls, was die einzelnen Abteilungen im Apparat des ZK und die Ministerien betraf. Inwieweit das zu einem Ausbalancieren der Kräfte führen konnte, war eine spannende Angelegenheit und für einen so lustvoll draufgängerischen Mann wie Kant immer wieder Herausforderung.

Natürlich schützte er auch sein Werk, indem er sich in staatliche Funktionen begab. Das hatte zum Beispiel auch Tschingis Aitmatow in der Sowjetunion gemacht. Aber nicht zu unterschätzen ist der Wunsch, selber etwas durchsetzen, etwas gesellschaftlich bewegen zu können, wenn man die entsprechenden Hebel und Personen kannte. In nur zwei Jahren hatte er an der ABF das Abitur mit Auszeichnung bestanden. Nachdem er dort noch ein Studienjahr lang »Dozent« für Deutsch und Gesellschaftswissenschaften war, schaffte er für das Wintersemester 1952/53 den Sprung an die Berliner Humboldt-Universität. Dass er in der Universitätsparteileitung neben gestandenen Professoren saß, war dem Studenten gerade recht. Als »Westbeauftragter« der Universität hat er mit Kommilitonen Flugblätter an Westberliner Studenten verteilt, hat ohne Rührseligkeit auf Stalins Tod reagiert und großmäulig das zunächst hilflose Verhalten der DDR-Führung bezüglich des 17. Juni kritisiert. Mit nüchternem Blick, weil »die andere Seite vorrückt, wenn du dich zurückziehst«.

Aus seiner Erfahrung hatte die politische Realität klare Konturen. Wenn er auch schon früh die Mängel des sozialistischen Versuchs in der DDR erkannte, wäre die Alternative dazu der ihm »gänzlich inakzeptable Kapitalismus« gewesen. Mit ganzem Herzen wollte er eine andere Ordnung als die, in der er aufgewachsen war. »Ich sagte mir nie: Die Sache ist faul, an der ich beteiligt bin. Sondern: Die Sache hat einen Fäulnisschaden, den müssen wir rauspulen, ohne das Ganze zu beschädigen.«

In unserem Gespräch für das Buch »Hermann Kant. Die Sache und die Sachen« (2007) ist das ein wichtiger Gedanke gewesen. Loyalität und Widerspruch –

mich interessierte, wie er nach dem Ende der DDR seine Balanceübungen einschätzte. Warum hatte es ihm nicht genügt, als Mitglied des Schriftstellerverbands freier Autor zu sein? Warum wollte er, nachdem er 1969 Vizepräsident geworden war, 1978 an dessen Spitze? Später hat er mehrmals darum gebeten, sein Amt niederlegen zu dürfen. In der glänzenden Biographie »Hermann Kant. Nicht ohne Utopie« von Linde Salber sind die entsprechenden Briefe abgedruckt. Doch als er wegen einer Herzgeschichte im Krankenhaus lag und sein Stellvertreter Chefallüren zeigte, ansonsten aber der Kulturabteilung des ZK botmäßig war, ist er entschieden in seine Funktion zurückgekehrt.

Nach dem Motto »Das kriege ich schon hin« hat es bei ihm einen Ehrgeiz gegeben, von der Obrigkeit als mindestens gleichberechtigter Partner akzeptiert, ja wegen seiner Wortgewandtheit gar bewundert zu werden. »Waren Revolutionen die Lokomotiven der Weltgeschichte, so war David Groth der Weichensteller historischer Läufte.« Dieser Satz aus dem Roman »Das Impressum« hatte wohl einen ironischen Unterton, der allerdings eher selbstironisch war. »Wenn du dich nicht für einen Weichensteller oder Lokomotivführer hältst, kannst du es gleich lassen«, sagte Hermann Kant im Gespräch mit mir. »Dann kannst du nur noch Bremser beim Rangieren sein.« Als Anna Seghers als Präsidentin des Verbandes zurücktrat, wollte er an ihre Stelle. »Wenn du es bist, kannst du dies und jenes machen. Und wenn du es nicht bist, musst du vieles mit dir machen lassen. Da war mir das Selber-Machen schon lieber. Aber wenn du darauf anspielst: Minister werden wollte ich wirklich nicht.«

»Ich will aber nicht Minister werden!« Der erste Satz des »Impressums« stieß wohl auf Missfallen bei jenen, die über die Publikation zu entscheiden hatten. Was nahm sich der Autor gegen Minister und ihre Berufung durch die Partei heraus? Aus solchen und anderen kaum nachvollziehbaren Gründen lagen die fertigen Druckbogen drei Jahre im Keller des Aufbau-Verlags, bevor der Roman 1972 (schon unter Honecker) publiziert wurde.

Was da im Hintergrund ablief, Kant wusste es nicht. Dass sich die DDR-Führung »die ganze Zeit über unter Druck befand«, sagte er sich. »Der Westen lehnte diesen Staat ab, auch wenn er sich zeitweise auf diplomatischen Umgang mit ihm einließ. Und die Sowjetunion wollte eigentlich immer nur eine nach ihrem Bilde gemodelte DDR. In dieser Lage strebte man wenigstens nach Ruhe im Innern und glaubte, sich mit Hilfe von Dogmen abzusichern.« Die Verhältnisse zu durchschauen, bis in die kleinsten Facetten, um sie von innen heraus irgendwie zu beeinflussen – dieses Bemühen hat es bei vielen heute als »staatsnah« geltenden Leuten gegeben. Kant sah im Schriftstellerverband ein Instrument des Einspruchs in gesellschaftlichen Angelegenheiten. Das Prestige von Schriftstellern in der DDR war ja enorm. Die Mächtigen wünschten sie sich als ideologische Erfüllungsgehilfen, doch die Leser sahen in ihnen das »Gewissen der Nation«, zumal unter Bedingungen einer von oben gegängelten Medienöffentlichkeit.

Funktionen: Zwischen 1974 und 1979 war Kant Mitglied der SED-Bezirksleitung Berlin, von 1981 bis 1990 Abgeordneter der Volkskammer, 1986 bis 1989 Mitglied des ZK der SED. Nach wie vor wird er von Wikipedia als IM Martin mit dem Ministerium für Staatssicherheit in Verbindung gebracht. In dem in diesem Band unter dem Titel »Bronzezeit und Südsee. Kunst & Gewerbe« veröffentlichten Briefwechsel mit Hermann L. Gremliza bekundet er einmal mehr, dass es im Zusammenhang mit seinen Partei- und Verbandsfunktionen durchaus Gespräche mit Vertretern dieser Behörde gegeben habe. »Wie ich es damals sah, sollte das MfS verhindern, dass bei uns eines Tages wieder *Siemens* drin wäre, wo einst *Siemens* drangestanden hatte. Ich aber war, wie ich dem von Dir innig geschätzten Herrn Schirrmacher schrieb, ›so geheim wie der Marx-Engels-Platz‹. Eine Verpflichtung für das MfS fand in keiner Form statt.«

Es war wohl eine Frage des Ranges. Wer mit Honecker per Du war, brauchte sich nicht von einem Oberleutnant oder Hauptmann eine Unterschrift abverlangen lassen. Der Präsident des Verbandes würde dem MfS-Beauftragten nicht die Tür weisen, das Gespräch indes in seinem Sinne lenken. Dass der Verband den Mächtigen als ein »Verein von kaum disziplinierbaren Ideenheckern, eine Pflanz- und Pflegestätte von Individualismus, Ruhmsucht, Ironie und Kritik« erscheinen mochte, wird in Kants Erinnerungsband »Abspann« (1991) artikuliert. »Worüber hätte sich Mielke denn mehr besorgen wollen?«, so der trockene Kommentar.

Von diesem Mann war kaum zu erwarten, dass Emotionen mit ihm durchgingen außer vielleicht im Positiven, Privaten. Doch wo andere sich empörten, sich beklagten, reagierte er rational, gepaart mit der Ironie und Selbstironie, die er vom Vater hatte. Persönliche Verletzung würde er schwer zugeben, Schmerz würde er überspielen. Ein Geheimnis würde er bewahren unter allen Umständen. »Wer ihn kannte, sieht, wie alles von ihm so schwer Verborgene sich mit dem Spott und dem Selbstbewusstsein des Männlichen trifft«, schreibt Gisela Steineckert in ihrem Band »Langsame Entfernung« (2021). Eva Strittmatter, die ihn gut kannte und nach Erwins Tod jeden Abend mit ihm telefonierte, hat ihn mit einem englischen Lord verglichen und ihm das Gedicht »Sensibilität« gewidmet. »Ich kenne ihn nur als interessierten und fürsorglichen Menschen«, sagte sie in unserem Buch »Leib und Leben« (2008). »Allerdings ist er jemand, der sehr *hermetisch* ist. Es braucht einige Zeit, bis er einem Dinge anvertraut, die ihn ernsthaft betreffen.«

Ich war mir in unseren Gesprächen für das Buch »Die Sache und die Sachen« bewusst, einem tief verletzten Mann zu begegnen, mit MfS-Vorwürfen überhäuft, aus der Akademie der Künste gedrängt wie aus dem PEN. Sein Traum von einem eigenständigen Schriftstellerverband war gescheitert. Nachdem er am 7. Dezember 1989 im Berliner Verband die Vertrauensfrage gestellt hatte und mit 60 zu zwei Stimmen bestätigt wurde, ist er zum Schriftstellerkongress im März 1990 nicht mal mehr eingeladen worden. Dass er nicht dabei war, ist mir für einen Moment sogar plausibel erschienen, da es überall personelle Veränderungen gab. Doch die Vehemenz, mit der sich plötzlich neue Wortführer gerierten mit harten Ellenbogen – es war einfach nur schäbig. Er meinte, für seine Schriftstellerkollegen eingetreten zu sein, seine eigene begeisterte Leserschaft im Rücken. Doch sein Einfluss wurde ihm auch geneidet, seine wortmächtige Überlegenheit als arrogant empfunden, zumal von jenen, deren Wünsche er nicht erfüllte. Weil Autoren letztlich doch konkurrierende Einzelkämpfer sind, die sich von einem Verband Vorteile erhoffen. Auch wenn er sich nicht so gefühlt hatte, er wurde der DDR-Struktur zugerechnet, mit der viele nichts mehr zu tun haben wollten, als sie am Zusammenbrechen war. Er wurde abserviert – im Öffentlichen und bald auch im Privaten. Seine geliebte Frau Marion verließ ihn 1995 mit den Kindern, weil sie nach ihrer Entlassung aus der Akademie der Künste (die sie mit dem Namen Kant verband) als promovierte Tanzhistorikerin eine Stelle in Cambridge gefunden hatte. Fortan lebte er allein in seinem Sommerhaus in Prälank, in dem sich nur ein winziger Raum heizen ließ.

»Ich dachte, weil ich damals immer mal die kritische Klappe aufgetan hatte, würde man mich nicht als so einen absoluten Knüppelknecht betrachten. Ein alberner Irrtum.« Hätte ich unser Gespräch gleich mit dem Ausschluss von neun Autoren 1979 aus dem DDR-

Schriftstellerverband begonnen, der nach 1990 vor allem ihm zur Last gelegt wurde, wäre es womöglich schnell zu Ende gewesen. Aber bald merkte er, dass ich verstehen wollte – ihn und die DDR vom Beginn bis zum Zusammenbruch.

Seine Erklärung, dass Konrad Naumann, der 1. Sekretär der SED-Bezirksleitung Berlin, Ambitionen auf den Posten des Generalsekretärs hatte, deckte sich mit meinen Erinnerungen. (Naumann wurde 1985 seiner Ämter enthoben und ins Staatsarchiv Potsdam geschickt.) Indem er im Schriftstellerverband »aufräumen« ließ, weil Honecker in seinen Augen viel zu lasch war, wollte er den Sicherheitsorganen und nicht zuletzt dem sowjetischen Botschafter Pjotr Abrassimow seine Durchsetzungskraft beweisen. Dass zahlreiche Mitglieder des Berliner Verbands bereit waren, an ihren Kollegen ein Exempel zu statuieren, die sich überhaupt nicht für den Verband interessierten, Sonderrechte beanspruchten und auf jene herabsahen, die es nicht zu Westauflagen brachten, erfuhr ich später von Gisela Steineckert.

Eine übergroße Mehrheit der im Roten Rathaus anwesenden Autoren hat für den Ausschluss der Schriftstellerkollegen gestimmt. Hätte sich Kant an diesem Tag krankgemeldet, wäre alles genauso verlaufen. Zur vorbereitenden Parteiversammlung des Berliner Verbands hatte man ihn nicht eingeladen. Er war auf eine Auseinandersetzung gefasst, nicht auf Ausschlüsse (»nur ein paar Märtyrer mehr«). Als er merkte, dass alles vorab entschieden war, schloss er sich mit scharfer Rede an. Er wusste, dass sein Intimfeind Naumann (er hatte ihm seine Frau Vera Oelschlegel ausgespannt) ihn nur allzu gern als Verbandspräsidenten loswerden wollte. Im Ohr hatte er noch dessen Worte, wie andere sozialistische Länder mit unbotmäßigen Künstlerverbänden umgegangen seien – »die schafft man ab oder macht einen Verein von Leuten daraus, die pro Nase drei Erholungsheime haben«. Dass er nach einer OP geschwächt war, führte er nicht ins Feld, als er in unserem Gespräch zugab, er habe sich »verkalkuliert«. Gedacht habe er, »wenn du das hier regelst, … kann der Verband wieder seins betreiben. Dass … ich diese Kollegen verloren und mich selbst bei vielen Leuten im Lande in Misskredit gebracht habe, weiß ich alles. Ich habe dafür zu zahlen. Einige meiner Freunde waren danach auch nicht mehr ganz die Freunde, die sie gewesen waren. Ich sage das, um klarzustellen, dass ich mich mit der Rechnung lange befasst habe und immer noch befasse.«

Für seine Idee eines unter seiner Leitung politisch eingreifenden Schriftstellerverbands hat Kant einen hohen Preis gezahlt. Dass ein Dialog mit der Macht im Sinne gesellschaftlicher Öffnung schon mit der Ausbürgerung Wolf Biermanns 1976 eine Illusion war, ist aus heutiger Sicht unbestreitbar. Damals aber gab Kant nichts verloren, weil er nicht resignieren wollte. »Das Beste an der DDR war der Traum, den wir von ihr hatten«, resümierte er später gegenüber Linde Salber. Als der Traum zerbrach, verleugnete er ihn nicht.

Wie sarkastisch seine späteren Texte sind! »Name

Dropping« in Erinnerung an Schriftstellereitelkeiten, die ihm im Westen begegneten, und vor allem »Heusers Signatur« (beide veröffentlicht in »Konkret« 1990 und 2006), ein furioser Text der Abrechnung mit den eigenen Leuten. Die überlässt der »Kunstschaffendenpräsident« Jobst Heuser allerdings seinem Assistenten. Dem galten die »Spezialkunstschaffenden« längst als »Existenz-Jongleure« und »Zuschuss-Artisten«. Er rettet seinen Chef nicht vor Evaluierung und übler Nachrede, die durch ein zur Aufheiterung bestimmtes Präsent noch übler wird. Da läuft der Autor auf gallige Weise zu sprachlicher Höchstform auf, gibt seinem traurigen Affen Zucker, auch um sich selber an seinen Einfällen zu erfreuen. Die ernste Frage dahinter: Wie sich einer wehren kann gegen falsche Anschuldigung, wenn die Präsidentin einer maßgeblichen »Bundesbehörde« gerade in der Rechtfertigung ein Verdachtsmoment sieht. Die Behauptung, »was nicht gewesen sei, könne nicht gewesen sein«, entspreche »einem bestimmten Tätertyp«. Dagegen entspreche der Nachweis, »sehr wohl könne gewesen sein, was nicht gewesen sein solle«, dem »Sinnvorsatz ihrer Behörde, die mindestens bis 2067 mit diesem Nachweis zu tun haben werde«.

Dabei war er im Alleinsein durchaus produktiv. Dem Erinnerungsband »Abspann« (1991) folgten die Romane »Kormoran« (1995), »Okarina« (2002), »Kino« (2005) und – ein großer Wurf – »Kennung« (2010). Da ging es um Bilanz und Selbstbeobachtung unter Umständen, die er nicht gewollt hatte. Wobei sich die Besonderheiten seines ganz eigenen virtuosen Stils noch stärker ausprägten. Woran er so lange geschliffen hatte, bis es glänzte, ist für Leser Herausforderung zu eigener Verständnisleistung. Das ist Genuss für die einen, während es andere, auf schnelle Lektüre bedacht, schlichtweg zu schwierig finden. »Kants Sprache imponiert als Angriff auf einen Sprachgebrauch, der Eigensinn und Eigentümlichkeit menschlicher Verhältnisse durch Verlangweilung verdeckt«, schreibt seine Biographin Linde Salber. Und Wolfgang Kohlhaase, Regisseur, Schriftsteller und sein langjähriger Freund: »Er hat sich und seine Figuren mit vielerlei Wortspiel gerüstet, dahinter, denke ich manchmal, verbirgt sich noch ein anderer, verletzlicher Mann, der zögert, sich preiszugeben.«

Eine glänzende Rüstung? Kant stimmte mir zu, als ich ihn danach fragte. Aber das ist nur die halbe Wahrheit. Jene hohe Verarbeitungsstufe von Realität zu erklimmen, die für ihn die Bezeichnung Literatur verdient, dieser mit geistiger Anstrengung verbundene Vorgang selbst war ihm Genuss, eine Lust, die ihn über alle Kümmernis hinweghob, ihn leichter atmen ließ.

Dabei ist er in seinen Stoffen immer mit seinen Lebenserfahrungen verbunden gewesen. In »Okarina« und »Kennung« hat er noch einmal alles aus sich herausgepresst, was über Vergangenes zu sagen war. Dass sich, allein in Prälank lebend, sein Erlebnishorizont verengte, ist ihm schmerzlich klar gewesen. Konnte das Auftauchen einer Zwergfledermaus, wie er es in »Ein Vorkommnis« beschreibt, so großartig auch immer, ihm denn als literarischer Stoff genügen? Hinzu kam die Sorge, eine Arbeit womöglich nicht zu Ende führen zu können. Unbeschwert auf eine Zukunft hin zu leben, vermochte er längst nicht mehr. Gesundheitlicher Beeinträchtigungen wegen (Herz, Lunge, Gicht und schmerzhafte Folgen mehrerer Unfälle), was er tunlichst verbarg. Aber auch weil man ab einem bestimmten Alter solcher Leichtigkeit verlustig geht.

Ich verstand es wohl. Dennoch traf mich das schmale Bändchen ins Mark, das ich 2014 unangekündigt in meiner Post fand. »Weil es zwar sein muss, aber nicht sang- und klanglos gehen soll, gebe ich es lauthals bekannt: Ich gehe. Nicht aus dem Leben, jedenfalls nicht mit meinem Zutun, sondern aus der Schreiberei.« Erschrocken rief ich ihn an. Auf die private Zusendung reagierte ich privat. Zu einem Zeitungstext »Kants letztes Werk im Selbstverlag« konnte ich mich nicht entschließen. Der Aufbau Verlag hatte es ja nicht abgelehnt, wollte es in eine Nachauflage seiner Erzählungen bringen. Doch wann würde das sein? Er war 88. Was er sich abgerungen hatte, sollte als vermutlich letzte Arbeit doch ein Echo finden.

Wenigstens durch ein Interview, dachte ich. Im Dezember 2014 war ich zu diesem Zweck einen ganzen Tag bei ihm in Prälank, bestellte auch für den Nachmittag einen Fotografen, was Kant gar nicht gefiel. Ich wollte »Ein strenges Spiel« samt seiner Ankündigung in sein Lebenswerk einbetten. Es wären zwei Seiten in der Zeitung geworden. Als ich ihm das Interview zur Autorisierung schickte, war ich erstaunt, wie er sich gegen die Veröffentlichung sperrte. Leser würden nichts Neues finden (was überhaupt nicht stimmte), nur einen alten Kerl, der sich noch mal interessant machen wolle.

Nach seinem Tod am 14. August 2016 – zwei Monate zuvor hatte es noch einen großen Festakt des Aufbau Verlags zu Kants 90. Geburtstag im Theater Neustrelitz gegeben – habe ich das Interview gelegentlich bei Veranstaltungen vorgetragen, und mir kam ein Gedanke, der eigentlich zu ihm passte. Was, wenn er genau das gewollt hatte: seine Stimme, wenn er schon nicht mehr lebt. Wie oft, wenn ich früher im Winter auf Reisen ging, habe ich im Scherz zu ihm gesagt: »Bleib bloß gesund jetzt.« Von Mallorca, Madeira, aus welchem warmen Land auch immer, könne ich keinen Nachruf schreiben. Der vorausschauend rücksichtsvolle Gedanke an meine Nöte in solcher Lage war ihm zuzutrauen: Nun, da hat sie was zur Veröffentlichung, mag er gedacht haben.

Die Erzählung kam im Frühjahr 2014 mit Grafiken von Joachim John und in der Gestaltung von Lothar Reher im Kulturmaschinen Verlag heraus und war bald vergriffen. Sie geht auf einen Vorgang zurück, der am 29. Juli 2011 zu Kants Rettung führte. Hätte Linde Salber beim abendlichen Telefongespräch nicht eine Gefahr gespürt, man hätte ihn am nächsten Morgen tot aufgefunden. Sie alarmierte den Arzt Dr. Reiner Matthes, der in der Nacht in Kyritz aufbrach und Rettungskräfte herbeirief, die den Fiebernden ins Krankenhaus Neustrelitz brachten. Mit einer Entzündung an seiner künstlichen Herzklappe hing er dort bis zum 5. September am Tropf.

»Und dabei hätte ich schon so schön tot sein können.« – Mit dem ersten Satz der Erzählung war es ihm ernst. Schnell in Ruhe sterben, ohne Quälerei wie nach dem Schulter- und Beckenbruch am 2. August 2016, als er nach der Operation noch bis zum 14. auf der Intensivstation lag, so elend, dass er niemanden sehen wollte. Ach, wie gut er Krankenhäuser kannte! Mehrere Verkehrsunfälle – er fuhr leidenschaftlich gern und schnell Auto –, die schwierige Herzklappen-OP und in den letzten Jahren regelmäßige Eisen-Infusionen. Aber, sagte ich zu ihm in jenem Sommer 2011 im Krankenhaus, im Himmel gibt es keine Fußballübertragungen, und Witze machen kannst du dort auch nicht. Er war in diesem Moment schon wieder frohgemut (anders zeigte er sich selten), weil ihm der Chefarzt, der in der Erzählung vorkommt, einen Computer im Zimmer erlaubt hatte. Schreiben, das wusste der einfühlsame Mann, war für Kant die beste Therapie.

Keine »Arbeitstherapie« für einen x-Beliebigen, wie sie Kant in einem Text von 1974 verspottet hat, 2007 in der Zeitschrift »Risse« abgedruckt, sondern eine, die für ihn persönlich passte. Mit Bastelarbeiten war ihm nicht zu helfen. Sein Geist musste eine Aufgabe bekommen, um den Körper zu stärken. Jeden Tag hat er versucht, »ein bisschen zu schreiben« und den »Geruch der medizinischen Labors« aus dem Text herauszuhalten. So hat er es – nach langer Überarbeitung und Verdichtung – noch einmal zu einer Kunst der Leichtigkeit gebracht in gegenteiliger Lage. Verschmitztheit statt Verzweiflung, Widerstand der Phantasie gegen die Ohnmacht. Es ist frappierend, was alles von seinem Leben, hingetupft, angedeutet, in dieser Geschichte steckt – bis hin zu den großen Fragen von Krieg und Frieden, Zwang und persönlichem Gewissen. »Die Gleichzeitigkeit des Ungleichen, die Eintracht des Unvereinbaren, die Ferne vom Naheliegenden machen mir, wo ich sie jetzt gewahre, zu schaffen.« Ein Zustand, der herbeizurufen war. Schutzzauber, lebenslang eingeübt.

»Ich will, wie lustig von mir, Herr über mein Leben sein.« Das Motto des Buches stammt aus dem Roman »Okarina« und trifft den Menschen und Schriftsteller Hermann Kant genau. Therapie gewesen ist das Schreiben ihm seit jeher. Wie es in seiner Rede im Warschauer Königsschloss heißt, der er den Titel »Über Schriftstellerei« gegeben hat: »Literatur, das ist ein anderes Wort für Ausweg.«

Textnachweis

Bronzezeit und Südsee, in: Konkret, 6/2007.

Die Zeit und ihre Zeugen, in: Neues Deutschland, 12./13. Februar 2005.

Ein strenges Spiel, Erstveröffentlichung als Eigendruck; 2014 veröffentlicht im Verlag Kulturmaschinen.

Ein Vorkommnis, in: Neues Deutschland, 4./5. Juni 2011.

Heusers Signatur, in: Konkret, 5/2006.

Ich habe gelesen, in: Konkret, 6/1988.

Isa, in: Neues Deutschland, 5./6. März 2005.

kleines fragment zur kritik der arbeitstherapie (etwa 1974), in: Risse, 19/2007.

Namedropping (unveröffentlichtes Fragment aus dem Roman »Abspann«), in: Literatur-Konkret, 1990.

Über Schriftstellerei, in: neue deutsche literatur, 9/1989.

Das Interview, das hier unter dem Titel »Das Leben ist ein ›strenges Spiel‹« erstmals abgedruckt wird, führte Irmtraud Gutschke mit Hermann Kant im Dezember 2014 in Prälank/Neustrelitz.

Die Texte folgen den genannten Vorlagen. Offenkundige Fehler wurden stillschweigend korrigiert. Orthographie und Interpunktion sind den heute gültigen Regeln angepasst.